Honoré de Balzac
Die schöne Imperia und andere Erzählungen

Honoré de Balzac

Die schöne Imperia und andere Erzählungen

Mit 14 Farbillustrationen

Artemis & Winkler
Winkler Weltliteratur
Kleine Bibliothek

Aus: Balzac, Tolldrastische Geschichten.
Artemis & Winkler Verlag, 18. Auflage 1996.
Aus dem Französischen von Walter Widmer.

Umschlagmotiv: François Boucher, Ruhendes Mädchen

Die Deutsche Bibliothek – CIP-Einheitsaufnahme:

Balzac, Honoré de:
Die schöne Imperia und andere Erzählungen / Honoré de Balzac. –
Düsseldorf; Zürich: Artemis und Winkler, 1997
(Winkler-Weltliteratur: Kleine Bibliothek)
ISBN 3-538-06665-5

Umschlaggestaltung: Bine Cordes, Weyarn
Satz: Fotosatz Moers, Mönchengladbach
Lithographie: HRP Reprotechnik, Essen
Druck und Bindung: Clausen & Bosse, Leck
Printed in Germany
ISBN 3-538-06665-5

INHALT

Die schöne Imperia
7

Die teure Liebesnacht
38

Die reumütige Bertha
60

Die schöne Imperia im Ehestand
123

Victor Hugo über Balzac
159

DIE SCHÖNE IMPERIA

Der Erzbischof von Bordeaux hatte auf seiner Reise zum Konzil von Konstanz in seinem Gefolge ein bildhübsches kleines Pfäfflein, ein Kind der Touraine. Alles, was dieses anmutige Priesterlein tat und sagte, war so zierlich und einnehmend, daß alle Welt darob staunte, und so galt er denn auch allgemein für einen Sohn der weltberühmten Soldea und des Statthalters. Der Erzbischof von Tours hatte ihn seinem Amtsbruder auf der Durchreise in seiner Stadt willig abgetreten, denn Erzbischöfe haben die Gepflogenheit, einander derlei Angebinde zu machen, wissen sie doch recht wohl, wie kitzlig so ein gottgelahrtes Jucken sein kann. Also kam nun dieses Priesterlein zum Konzil und fand im Hause eines Prälaten Unterkunft, der ein Mann war von vorbildlichem Lebenswandel und hoher Weisheit.

Philipp von Mala – so hieß der Pfaffe – nahm sich vor, seinem Gönner nach Kräften zu dienen und sich bei ihm lieb Kind zu machen. Doch mußte er mit ansehn, wie bei diesem neunmalweisen Konzil manche Leute ein liederliches Lotterleben führten und deswegen nicht etwa weniger, sondern noch viel ausgiebiger Ablässe, Golddukaten, Pfründen und Ämter einheimsen konnten als manch andere, die sich ehrbar und wohlgesittet aufführten.

Da geschah es in einer Nacht, die seiner Tugendhaftigkeit arg zusetzte, daß der Teufel ihm ins Ohr raunte und ihm zuredete, er solle sich doch ebenfalls

Vorräte körbeweise anlegen, sintemal ein jeder aus dem Schoße unsrer heiligen Nährmutter, der Kirche, schöpfe, ohne daß der jemals versiege. Solch ein Wunder sei wohl dazu angetan, Gottes Allgegenwart zu beweisen.

Das Pfäfflein aus der Touraine tat, wie ihm der Teufel eingeflüstert hatte. Er nahm sich vor, zu schlemmen und zu prassen, sich kopfüber in die Gar- und Bratküchen zu stürzen mitsamt ihren fetten deutschen Tunken und Brühen, wenn er's umsonst und ohne Unkosten tun konnte, denn er war arm wie eine Kirchenmaus. Und da er äußerst enthaltsam lebte und sich darin seinen alten Erzbischof zum Vorbilde nahm, der notgedrungen nicht mehr sündigte und deswegen im Geruch der Heiligkeit stand, so geriet er oftmals in unerträgliche Anfechtungen, und zufolge solcher Versuchungen litt er große Not an seiner Seele angesichts der Unzahl von bildschönen und prachtvoll aufgeputzten Buhlerinnen, die armen Schluckern eiskalt und mit ungerührter Gleichgültigkeit begegneten. Konstanz wimmelte von solchen Weibern, die allesamt hingekommen waren, den Konzilsvätern Sinn und Verstand zu erleuchten. Das arme Pfäfflein wurde halb toll, weil er nicht wußte, wie er sich an diese galanten Elstern heranmachen sollte, die mit den Kardinälen, Äbten, Großrichtern, Legaten, Bischöfen, Fürsten, Herzögen und Markgrafen ebensowenig Federlesens machten wie mit blutarmen Pfäfflein, die weder Heller noch Pfennig herausrücken konnten. Des Abends, wenn er seine Gebete verrichtete, übte er sich darin, lange Zwiesprache mit ihnen zu halten, und legte sich das wundersame Liebesbrevier mit seinem

François Boucher, *L'Odalisque*
Foto: AKG, Berlin

Frage- und Antwortspiel zurecht, damit es ihm auf alle Fälle geläufig sei. Und lief er dann anderntags um die Vesperstunde einer von diesen Prinzessinnen in den Weg, die sich füllig und hoffärtig in ihrer Sänfte spreizte, von schwerbewaffneten Reisigen und Edelknaben geleitet und beschützt, so blieb er mit weit offenem Maule stehen wie ein Hund, der Fliegen schnappt, so sehr schüchterte ihn ihr frisches, keckes Lärvchen ein, ob es ihn schon von Kopf bis Fuß in Gluthitze tauchte.

Da belehrte ihn einmal der Geheimschreiber des hochwürdigen Herrn, ein Edelmann aus Périgord, und bewies ihm klipp und klar, die Väter der Kirche, die Prokuratoren und Richter der Rota erkauften sich mit reichen Geschenken, nicht etwa an Reliquien und Ablässen, sondern vielmehr an Edelsteinen, Kleinoden und Gold, die Gunst vertraulichen Umgangs mit den erlauchtesten unter diesen umschmeichelten Kätzchen, die sich da im Schutz und Schirm der Konzilsgewaltigen sonnten. Und fortan sammelte der arme Touraner, so einfältigen Gemütes und unerfahren er war, in seinem Strohsack einen Schatz von Silberlingen an, die ihm der gute Erzbischof für Schreibereien aller Art verehrt hatte, und er lebte der Hoffnung, eines Tages besitze er genug, um das Liebchen eines Kardinals für ein Weilchen aus nächster Nähe besehen zu können. Was dann weiterhin geschehen mochte, das stellte er dem lieben Gott anheim. Nun war er freilich vom Scheitel bis zur Sohle so schäbig und unansehnlich gewandet, daß er einem Manne so wenig ähnlich sah wie etwa eine Ziege, wenn man ihr eine Nachthaube aufsetzt, einem edeln Fräulein. Aber von seinem Verlangen unwiderstehlich umgetrieben, strich er des Abends durch die Straßen und Gäßlein von Konstanz, unbekümmert um Leib und Leben. Und wenn er auch tausendmal Gefahr lief, daß ihm ein Landsknecht fast seinen Spieß in den Bauch rannte, so ließ er gleichwohl nicht ab, den Kardinälen aufzulauern, wenn sie sich zu ihren Beischläferinnen begaben. Dann sah er, wie sogleich drinnen in den Häusern die Wachslichter angesteckt wurden, und Türen und Fenster leuchteten hell im Kerzenschein. Er hörte, wie die gottgefälligen Äbte und übrigen geistlichen Herren sich vergnügten und wacker becherten, vom Allerbesten zechten und verliebt das heimliche Halleluja anstimmten, ohne sich viel um die Musik zu scheren, die man ihnen dazu aufspielte. Die Küchen vollbrachten wahre Wunder, und nun zelebrierten die Gottesdiener ihre Messen mit Riesentöpfen voller fetter, kräftespendender Brühen, die Metten läuteten sie mit zarten feisten Schinken ein, die Vesper feierten sie mit leckeren Happen, und die Lauden sangen sie mit Zuckerwerk und mancherlei süßen Speisen... Und hatten die wackeren Pfaffen dann üppig getafelt und gezecht, so herrschte mit einmal andächtige Stille. Ihre Pagen hockten derweil auf den Stiegen und vertrieben sich die Zeit mit Knobeln und Würfelspiel, und die störrischen Maultiere standen auf der Straße und teilten einander zur Kurzweil Huftritte aus. So ging alles zum besten. Freilich gab es dazumal noch echten Glauben und wahre Frömmigkeit, und darum wurde ja auch der Biedermann Hus verbrannt! Und aus welchem Grunde? Ei, langte er nicht ungeladen mit seinen Fingern mit in die Schüssel? Und wozu mußte er auch ein Hugenott sein, noch ehe es Hugenotten überhaupt gab?

Doch kommen wir auf unsern kleinen allerliebsten Philipp zurück. Er steckte dabei oft weidlich Püffe ein und bekam manch tüchtigen Hieb ab. Doch der Teufel stand ihm zur Seite und sprach ihm Mut zu. Immer aufs neue flüsterte er ihm ein, früher oder später komme auch noch an ihn die Reihe, daß er Kardinal werde, wenigstens bei einem von diesen Kardinalsschätzchen. Sein ungestümes Verlangen machte ihn tollkühn gleich einem Hirsch im Spätjahr, und so dreist und verwegen wurde er, daß er sich eines Abends in das schönste Haus von Konstanz einschlich und beim Trittstein Aufstellung nahm, von wo er des öftern schon die Bedienten, Mundschenken, Knechte und Edelknappen beobachtet hatte, wenn sie mit Kienfackeln auf ihre Herren, die Herzöge, Könige, Kardinäle und Erzbischöfe, warteten.

»Ach weh!« seufzte er schwer, »wie muß dieses Weib schön und liebeserfahren sein!…«

Ein bis an die Zähne bewaffneter Landsknecht ließ ihn vorbei, denn er meinte, das Pfäfflein gehöre zum Gefolge des Kurfürsten von Bayern, der gerade das Haus verließ, und habe eine Botschaft des besagten Fürsten auszurichten. Philipp von Mala stieg flink wie ein liebestoller Windhund die Treppe hinan und ward von köstlichen Düften zur Kammer geleitet, wo die Herrin des Hauses mit ihren Frauen saß und – dieweil sie angeregt mitsammen plauderten – ihren Putz und ihr ganzes Geschmeide ablegte. Da blieb er sprachlos und völlig verdattert stehn wie ein Dieb, der unvermutet seinen Häschern gegenübersteht.

Die schöne Frau saß im Hemdchen und ohne Haube da. Eben waren die Kammerfrauen und Mägde damit beschäftigt, ihr das Schuhwerk und die Gewänder auszuziehn, und nun enthüllten sie ihren lieblichen Leib in strahlender Nacktheit, so flink und ohne Scheu, daß das arme Pfäfflein glutrot anlief und ein leises, gelüstiges Ah! seinem Mund entfuhr. Seine ganze staunende Liebe sprach aus diesem Stoßseufzer.

»Und wonach steht denn Euer Begehr, Kleiner?« fragte ihn die Dame.

»Euch meine Seele darzubringen!« versetzte er darauf und verschlang sie mit den Augen.

»Dann könnt Ihr morgen wieder vorbeikommen«, erwiderte sie spöttisch, um ihn zu foppen.

Darauf gab ihr Philipp, der bis hinter beide Ohren errötet war, artig zur Antwort: »Ich werde nicht verfehlen, wieder vorzusprechen.«

Als sie das hörte, mußte sie vor soviel holder Ahnungslosigkeit schallend herauslachen, als wäre sie närrisch geworden. Philipp blieb wie angewurzelt stehen, verdutzt zwar und ein wenig stutzig geworden, aber dennoch vergnügt und frohen Mutes, und starrte sie mit einem Paar Augen an, aus denen er verliebte Glutblicke auf ihre holdseligen Reize schoß, die ihm unverhüllt dargeboten wurden. Ihr üppiges Haar floß in reichen Flechten über den elfenbeinblanken Rücken nieder, und zwischen den prachtvollen Locken hindurch blitzte und leuchtete es schneeweiß und verheißungsvoll. Mitten auf ihrer lichten Stirn funkelte ein Ballasrubin, doch strahlte er bei weitem nicht so hell wie ihre tiefschwarzen Augen, in denen vom übermütigen Lachen helle Tränen schimmerten. Sie warf sogar ihren Schnabelschuh, der über und über vergoldet war wie ein Reliquienschrein, weit von sich in die Kammer, so wand und bog sie sich vor mutwilligem Lachen, und man sah ihre zierlichen bloßen Füßchen, die kaum größer waren als eines Schwanes Schnabel.

Sie war diesen Abend zufällig guter Laune und zum Scherzen aufgelegt, sonst hätte sie den tonsurierten Knirps, ohne viel Federlesens zu machen, kurzerhand zum Fenster hinauswerfen lassen und sich um ihn nicht mehr Gedanken gemacht als um ihren ersten Bischof.

»Schöne Augen hat er, Herrin«, meinte eine der Mägde.

»Wo hat er denn bisher gesteckt?« fragte eine andere.

»Das arme Bübchen!« spottete ihre Herrin. »Seine Mutter sucht ihn vielleicht! Wir müssen ihn wieder auf den rechten Weg zurückführen.«

Doch der Touraner ließ sich nicht aus der Fassung bringen. Mit einem verzückten Augenaufschlag schaute er zu dem goldbrokatenen Bett hinüber, auf dessen schwellenden Pfühlen der schöne Leib der Buhlerin ruhen sollte. Dieser heimlich verstohlene Blick, voll Saft und geladen mit verliebtem Einverständnis, kitzelte die holde Frau in tiefster Seele, und halb lachend, halb schon in den herzigen Schelm verliebt, sagte sie abermals: »Morgen!« und entließ ihn hernach mit einem Wink, dem sogar der Papst Johann höchstselbst augenblicks Folge geleistet hätte. Freilich war der auch sozusagen eine Schnecke ohne Häuschen, denn das Konzil hatte ihn gerade entpapstet.

»Ach, Herrin, schon wieder habt Ihr da ein Keuschheitsgelübde in sündiges Verlangen gekehrt«, meinte eine der Kammerfrauen.

Und erneut brach hageldicht das Gekicher und prustende Gelächter los. Philipp aber ging ganz benommen fort und stieß mit dem Kopf überall gegen die Wände wie eine blinde Krähe. So verwirrt war er vom Anblick des holdseligen Weibes, denn sie war schöner und begehrenswerter als eine Sirene, wenn sie den Fluten entsteigt… Er merkte sich die Tierbilder, die überm Haustor eingehauen waren, und kehrte zu seinem Erzbischof zurück, dieweil tausend und abertausend Legionen Teufelchen in seinem Kopf und Herzen ihr Unwesen trieben und sein Gemüt gänzlich verstört war. In seiner Kammer angekommen, zählte er die liebe lange Nacht in einem fort seine Silberlinge, brachte aber, sooft er sie auch zählen mochte, nie mehr denn ihrer viere zusammen. Und da dies nun all sein Hab und Gut war, das er auf Erden besaß, dachte er, die schöne Frau werde sich wohl damit zufriedengeben, da es doch sein ganzer irdischer Besitz war.

»Wo fehlt's Euch denn, Philipp?« fragte ihn der gute Erzbischof, den die sichtbare Unrast und das verstohlene Geseufze seines Schreibers ängsteten.

»Ach, gnädigster Herr«, gab ihm der arme Priester zur Antwort, »mich wundert, wieso eine so leichte und holde Frau unsereinem so schwer auf dem Herzen liegen kann…«

»Was denn für eine Frau?« fragte nun der Erzbischof und legte sein Brevier beiseite, das er für die andern las, der gute Mann.

»Ach, Herr Jesus, du mein lieber Heiland!« jammerte das Pfäfflein, »gewiß werdet Ihr mich verfluchen, mein guter Herr und Gönner, denn ich habe eine gesehen, die war zumindest die Buhle eines Kardinals... Und ich mußte bitterlich weinen, da ich sah, daß mir noch mehr denn nur ein lumpiges Talerstück fehlt, um sie zu bekommen, gesetzt sogar, Ihr ließet mich sie zum Heil bekehren...«

Da zog der Erzbischof den Circumflex kraus, den er über der Nase trug, sprach aber kein Wort, so daß der demütige Priester in seiner Haut schlotterte und es ihn bitter gereute, daß er seinem Obern so vorlaut gebeichtet hatte. Doch da sprach der heilige Mann mit einmal: »Sag, ist sie denn so teuer?«

»Ach«, seufzte der liebeskranke Jüngling, »sie hat schon so manche Mitra um ihren Glanz gebracht und ungezählte Krummstäbe geknickt!«

»Hör zu, Philipp«, sprach nun der Erzbischof, »wenn du auf sie verzichten willst, schenke ich dir dreißig Engelsgulden aus dem Armenschatz.«

»Ach weh, gnädigster Herr, dabei käme ich gar zu kurz!« versetzte der Racker, dem bereits der Mund nachdem leckern Mahle wässerte, das er sich versprach.

»Oho, Philipp«, zürnte der wohlmeinende Kirchenfürst, »du willst also in die Hölle kommen und Gottes Mißfallen erregen wie alle unsre Kardinäle?«

Und in tiefem Schmerz warf sich der fromme Seelenhirt auf die Knie und betete zu Sankt Gatian, dem Schutzpatron der Keuschlinge, er möge seinen Diener erretten. Dann hieß er ihn gleichfalls niederknien und gebot ihm, sich auch dem heiligen Philipp anzubefehlen. Doch der gottverflixte Pfaffe flehte heimlich den

Jean-Honoré Fragonard, *Die Badenden,* um 1765/70
Foto: AKG, Berlin

Heiligen an, er möge ihn davor bewahren, in der morgigen Nacht, wenn ihn seine Herzallerliebste in Gnad und Barmherzigkeit aufnehme, zu versagen, sondern ihm helfen, seinen Mann zu stellen und in Ehren zu bestehen. Der gute Erzbischof sah, wie inbrünstig sein Diener betete, und rief ihm zu: »Kopf hoch, Kleiner! Der Himmel wird dich erhören!«

Anderntags, als sein Herr im Konzil wider das schamlose Gebaren der unheiligen Apostel der Christenheit eiferte, gab Philipp von Mala seine sauer verdienten Taler für duftende Wässerlein, Schwitzbäder, Wannen-, Voll- und Fußbäder aus und für andern solchen Schnickschnack und Firlefanz. Und er salbte und schniegelte sich, daß ihn ein jeder hätte für den Herzallerliebsten einer liebestüchtigen leichtfertigen Dame halten können. Danach lief er stadtauf, stadtab und suchte das Haus seiner Herzenskönigin wieder auszuforschen, und als er es dann gefunden hatte und die Leute, die vorbeigingen, fragte, wem denn dies Haus zu eigen sei, da lachten sie ihm ins Gesicht und spotteten: »Wo kommt denn das Rotzbübchen her, daß es nicht einmal weiß, wer die schöne Imperia ist?«

Da packte ihn die schiere Angst, er habe am Ende seine blanken Taler für den Teufel ausgegeben, denn aus dem Namen ersah er, in welch schaurige Fallgrube er sich da hineinbegeben hatte.

Imperia war berühmt und bekannt als die launenhafteste und hoffärtigste Weibsperson, soweit die Erde reichte, und obendrein galt sie für die schönste und sinnebetörendste Frau auf der ganzen weiten Welt. Es hieß, sie verstehe es wie keine andere sonst, die Kardinäle um den Finger zu wickeln und die rauhesten

Landsknechte und Volksschinder zu kirren und lammfromm zu machen.

Als Leibwache hielt sie sich eine Schar tapferer, todesmutiger Hauptleute, Bogner und edler Herren, die jederzeit bereit waren, ihr in allen Dingen zu dienen. Sie brauchte nur ein Wörtlein zu hauchen, und sie brachten fein sänftiglich einen jeden ums Leben, der auch nur zu mucksen oder die Nase zu rümpfen wagte. Einen Mann ins bessere Jenseits zu befördern kostete sie nicht mehr denn ein huldvolles Lächeln, und manchesmal ließ ein Herr von Baudricourt, ein königlicher Gardehauptmann und streitbarer Haudegen, bei ihr anfragen, ob es nicht vielleicht am heutigen Tag irgendeinen Gauch umzubringen gebe ihr zuliebe und aus barem Spott wider die Äbte und Prälaten. Ausgenommen die höchsten Würdenträger des Klerus, in deren Gegenwart Frau Imperia ihr Lachen fein abzustimmen wußte, führte sie die Mannsleute, geistliche wie weltliche, samt und sonders am Gängelband kraft ihres anmutigen und klugen Plauderns und vornehmlich ihrer erprobten Liebeskünste, worin sich auch die tugendsamsten und unzugänglichsten der Herrn fingen wie Vögel an der Leimrute. So führte sie denn ein Leben, vielgeliebt und hochgeachtet wie die wahren Damen und Prinzessinnen, und man redete sie mit Madame an. Und da einstmals eine ahnenstolze und tugendhafte Frau beim Kaiser Sigismund darüber Klage führte, erwiderte ihr der gute Herrscher: Sie, die ehrbaren Damen, möchten auch fürderhin die Hüterinnen wahrer Tugend und kluger Sittsamkeit bleiben, Madame Imperia aber in den süßen Irrungen der Göttin Venus verharren. Und über solche wahrhaft christlichen Worte entrüsteten sich die Damen und nahmen groß Ärgernis daran, ganz zu Unrecht.

Dem holden Philipp nun, der immerfort an die Augenweide und den köstlichen Vorschmack denken mußte, den er tags zuvor genossen hatte, schwante, es möchte wohl dabei sein Bewenden haben. Das drückte ihm beinahe das Herz ab, und er strich durch die Stadt, dachte nicht an Essen noch Trinken, sondern harrte der Stunde um so zuversichtlicher, als er sich schmuck und galant genug dünkte, um notfalls andere Buhlerinnen zu finden, die minder widerborstig und zugänglicher sein mochten als Madame Imperia.

Als die Nacht hereingebrochen war, schlich der hübsche Touranerbengel stolzgeschwellt, hellwach von seinen Gelüsten und vorwärts gepeitscht von seinen Seufzern, die ihn fast erstickten, aalglatt in die Behausung der wahren Königin des Konzils. Denn vor ihr beugten sich alle Autoritäten, die Wissenschaften, Würden und Ämter insgesamt der ganzen Christenheit. Der Haushofmeister, der ihn nicht wiedererkannte, machte gerade Miene, ihn vor die Tür zu stellen, da rief ein Kammerzöfchen von oben die Stiege herab: »Ei, Herr Imbert, das ist doch der kleine Schatz unserer gnädigen Frau!«

Daraufhin stieg der arme Philipp glutrot und selig wie eine Brautnacht die Wendeltreppe empor und stolperte vor Glück und wonnigem Behagen ein Mal übers andere. Die Kammerjungfer faßte ihn bei der Hand und führte ihn in den Saal, wo bereits Madame, nur leicht bekleidet, wie sich's für eine beherzte Frau geziemt, die besserer Dinge gewärtig ist, voll Ungeduld seiner harrte. Die schöne Imperia saß vor einem

Tisch, der mit einem samtenen, golddurchwirkten Tafeltuch gedeckt war, und darauf prangte alles, was zu einem erlesenen Mahl gehörte: Flaschen voll Wein, schwappvolle Humpen, Kannen gefüllt mit Würzwein, Krüge mit edelm Zyperwein, Schalen und Schüsseln getürmt voller Leckereien, mit gebratenen Pfauen, grüner Kaperntunke, kleinen geräucherten Schinklein, waren in Hülle und Fülle aufgetischt; und alles dies hätte wohl das Auge des verliebten Bürschleins erfreuen können, wäre er nicht in die schöne Frau Imperia so verliebt gewesen. Sie sah recht wohl, daß das Pfäffchen keinen Blick mehr von ihr wenden konnte. Und war sie schon an die scheinheiligen Augenaufschläge der geistlichen Männer gewöhnt, so ging's ihr diesmal doch wonnig ein, denn sie hatte sich nächtlicherweile in den armen Kleinen bis über die Ohren verliebt, und er war ihr den ganzen Tag im Herzen und im Kopf herumgegangen. Die Fenster waren geschlossen, und die holde Frau war höchst aufgeräumt und strahlender Laune, dazu geputzt, als gelte es, einen gefürsteten Herrn des Heiligen Römischen Reiches zu empfangen. Ebendarum dämmerte es auch dem Schlingel, der sich angesichts Imperias Schönheit im siebenten Himmel fühlte, daß heute abend kein Kaiser, kein Burggraf und nicht einmal ein Kardinal, und wäre er auch drauf und dran, zum Papst gewählt zu werden, ihm, dem bettelarmen Pfäfflein, werde den Rang ablaufen können, obschon er in seinem Säckel nichts barg außer dem Teufel und seiner Liebe. So spielte er sich denn als großer Herr auf, warf sich in die Brust und verneigte sich vor ihr mit zierlicher Anmut, die sich gar nicht täppisch ausnahm. Und die schöne Frau erwiderte seine artige Verbeugung sogleich mit einem zärtlichen Blick und sprach zu ihm: »Kommt, setzt Euch hierher, auf daß ich sehen kann, ob Ihr Euch seit gestern verändert habt.«

»Ach, ja…« versetzte er darauf.

»Und wie kommt das?« fragte sie.

»Gestern«, gab ihr der Racker zur Antwort, »gestern liebte ich Euch… Jetzt aber, heute abend, lieben wir beide einander. Und nun bin ich aus einem armen Hungerleider zu einem reichen Mann geworden, der sich wohl mit Königen messen darf!«

»Ei, ei, Kleiner, mein Kleiner!« rief sie fröhlich, »ja gewiß bist du ein anderer geworden, denn aus einem milchbärtigen Pfäfflein hast du dich in einen alten durchtriebenen Teufel verwandelt!«

Sie rückten nahe zusammen vors Kaminfeuer, das wohlige Wärme ausströmte und im ganzen Gemach auch ihre selige Trunkenheit verbreitete. Nach wie vor war es ihnen nicht ums Essen und Trinken zu tun, denn sie dachten nur daran, sich mit den Augen zu schnäbeln, und die Schüsseln blieben unberührt.

Als sie sich's endlich so recht wohl sein lassen und den Himmel auf Erden erleben wollten, erhob sich mit einmal draußen ein wüstes Gelärm, das sich anhörte, als rauften sich vor der Tür Leute mit lautem Geschrei.

»Herrin«, sagte die Kammerfrau, die eilends hereinkam, »nun geht alles verquer!«

»Was ist denn los?« herrschte sie Imperia hochfahrend an wie ein Tyrann, der in seiner Kurzweil gestört wird.

»Der Bischof von Chur wünscht Euch zu sprechen…«

»Der Teufel soll ihn striegeln!« schnob sie und warf Philipp einen verliebten Blick zu.

»Herrin, er hat Licht durch die Türspalte schimmern sehen, und jetzt schlägt er einen Höllenkrach...«

»Sag ihm, ich habe das Fieber, und das ist nicht die Spur gelogen, denn ich bin ganz krank vor Verlangen nach diesem Priesterbübchen, das mir im Hirn strampelt.«

Doch just, als sie diese Worte zu Ende sprach und dabei inbrünstig Philipps Hand drückte, dem es in seiner Haut siedendheiß war, siehe, da ging die Tür auf, und herein kam der dicke Bischof von Chur, wutschnaubend und keuchend vor Atemnot. Hinter ihm traten seine baumlangen Bedienten ins Zimmer. Sie trugen auf einer Schüssel aus lötigem Gold eine wahrhaft kanonische Lachsforelle, frisch aus dem Rhein gezogen, dazu köstliche Gewürze auf prachtvollen Schalen und tausenderlei Leckerbissen und Naschwerk, Liköre und eingemachte Früchte, die für ihn hochheilige und gottgefällige Nonnen in seinen Abteien und Klöstern zubereitet hatten.

»Ha!« grölte er mit seiner polternden Stimme, »ich habe noch eine gute Weile Zeit, mich mit dem Teufel einzulassen, ohne daß Ihr mich schon im voraus von ihm schinden lasset, mein schönes Kind...«

»Euer Wanst wird eines Tages eine treffliche Degenscheide abgeben!...« tat sie ihm Bescheid und runzelte die Brauen, die, eben noch so schön und anmutig, jetzt böse dräuten, daß einem schon das Schlottern ankommen konnte.

»Was will dieses Chorbübchen? Etwa schon Opfer auf Eurem Altar darbringen?« fragte unverschämt der

Bischof und wandte sein feistes, puterrotes Gesicht dem artigen Philipp zu.

»Hochwürdigster Herr, ich bin hier, um der gnädigen Frau die Beichte zu hören.«

»Schau, schau! Kennst du das kanonische Gesetz so schlecht?... Den Damen um diese nachtschlafende Stunde die Beichte abzunehmen ist ein Recht, das ausschließlich den Bischöfen vorbehalten bleibt... Scher dich zu allen Teufeln, will sagen: geh mit den einfältigen Mönchen zur Weide und komm mir nimmermehr hierher zurück, bei Strafe der Exkommunikation!«

»Rührt Euch nicht von der Stelle!« schrie da zornflammend die schöne Imperia, und in ihrem Zorn war sie noch schöner als zuvor in ihrer Liebe, dieweil nun Zorn und Liebe zugleich in ihr loderten. »Bleibt hier, mein Liebster, Ihr seid hier zu Hause!...«

Da erst erkannte er für gewiß, daß er der einzig wahrhaft Herzgeliebte war.

»Heißt es nicht in der Bibel und lehrt nicht das Evangelium, daß ihr werdet alle gleich sein vor Gott im Tale Josaphat?« fragte sie den Bischof.

»Eine Erfindung des Teufels ist's, der die Heilige Schrift verpanscht hat. Aber geschrieben steht es«, setzte der rüpelhafte Bischof von Chur hinzu, denn er konnte es kaum erwarten, daß man zu Tische ging.

»Wohlan, so seid denn auch vor mir gleich, die ich hienieden eure Göttin bin«, hob Imperia wieder an zu sprechen. Und zum Bischof gewendet, setzte sie hinzu: »Sonst könnte ich Euch eines Tages zwischen Kopf und Schultern fein säuberlich erdrosseln lassen! Das schwöre ich bei der Allmacht meiner Tonsur, die wohl des Heiligen Vaters Tonsur wert ist!«

Und da ihr der Mund nach der Forelle wässerte und auch die Schüsseln und die Schalen und desgleichen die Leckereien darinnen gar verlockend waren, lenkte sie gewandt ein und sprach: »Setzt Euch zu uns und trinkt mit.«

Dabei zwinkerte aber das durchtriebene Weib, die ja solchen Mummenschanz und Trug nicht zum erstenmal ins Werk setzte, ihrem Herzallerliebsten zu und bedeutete ihm, er brauche sich um diesen deutschen Tölpel keine Sorgen zu machen, denn er werde sich binnen kurzem schon untern Tisch gesoffen haben.

Die Kammerfrau nötigte den Bischof zu Tisch und machte es ihm bequem, während Philipp stumm wie ein Stockfisch dasaß, so raste er in seinem Innern, als er sah, wie sein Glück in Rauch und Dunst aufging, und er wünschte dem erzbischöflichen Störenfried mehr Teufel auf den Hals, als es Mönche gibt auf dem weiten Erdenrund.

Sie hatten bereits seit einer Weile das halbe Mahl hinter sich gebracht, und immer noch hatte das Pfäfflein keinen Bissen angerührt, denn es hungerte ihn einzig nach Imperia, an welche er sich hinkuschelte, ohne ein Wort zu sprechen. Dafür redete er um so deutlicher in jener andern Sprache, welche die Damen auch ohne Punkt, Komma, Akzente, Buchstaben, Figuren und Bilder, ohne Zeichen, Noten und Lettern gar wohlverstehen. Der dicke Bischof, ein Vielfraß und Naschmaul sondergleichen und sehr um das Kleid aus geistlicher Haut besorgt, in das ihn seine Mutter selig eingenäht hatte, ließ sich von der zarten Hand der Hausherrin noch und noch Würzwein einschenken und leerte Glas um Glas. Und schon hatte er zum erstenmal vernehmlich gerülpst, da erhob sich draußen auf der Straße ein lautes Pferdegetrappel. Die Zahl der Pferde, das laute Ho! Ho! der Edelknaben zeigte an, daß da zumindest ein Fürst nahte, der in Liebeswut raste. Und in der Tat stürmte bald danach der Kardinal von Ragusa herein, dem Imperias Dienstgesinde den Eintritt nicht zu verwehren gewagt hatte. Bei diesem betrüblichen Anblick vergingen die arme Imperia und ihr kleiner Schatz vor Scham und Verlegenheit und wären am allerliebsten in den Erdboden versunken, denn es hieß den Teufel versuchen, hätte man den Kardinal aus dem Hause scheuchen wollen, um so mehr, als man zur Zeit noch nicht wußte, wer künftig Papst sein werde, sintemal die drei Anwärter auf Petri Stuhl sich zu Nutz und Frommen der Christenheit der dreifachen Krone entschlagen hatten. Der Kardinal, ein schlauer, langbärtiger Italiener, ein spitzfindiger Klügler und Deutler, der Leithammel des Konzils, durchschaute alsbald mit einem winzigen Quentchen seines gewitzten Verstandes das Alpha und Omega dieser absonderlichen Gasterei. Er brauchte nur einen Augenblick lang zu überlegen, und schon wußte er, wie er hier vorzugehen hatte, um den Löwenanteil an diesem Mahl einzuheimsen. Er war ausgehungert wie ein Klostermönch, und wenn es galt, einen Happen Weiberfleisch zu ergattern, war er Manns genug, ein paar Mönche mit seinem Dolch abzustechen wie Schweine und obendrein noch seinen Splitter vom wahrhaftigen Kreuz Christi zu verschachern, und das wäre wahrlich arge Sünde gewesen.

»Heda, guter Freund!« sprach er zu Philipp und winkte ihn zu sich heran.

Der arme Touraner war mehr tot als lebendig. Ihm schwante, daß der Teufel sich da arglistig in seine Angelegenheiten einmengte, und so erhob er sich denn und sprach kleinlaut zu dem fürchterlichen Kardinal: »Was beliebt?«

Dieser faßte ihn beim Arm und führte ihn auf die Treppe hinaus, dort glotzte er ihm stier in die Augen und sagte, ohne lange zu fackeln, zu ihm: »Bei Gottes heiligem Bauch! Du scheinst mir ein guter Geselle, und ich möchte mich lieber nicht gezwungen sehen, deinem Kopf beizubringen, wie schwer dein Bauch wiegt!… Solches würde mir zwar Genugtuung verschaffen, könnte mich aber auf meine alten Tage mancherlei fromme Stiftungen kosten… So wähle denn: entweder du vermählst dich für den Rest deiner Tage mit einer Abtei, oder du hältst heute nacht mit Madame Imperia Beilager und stirbst morgen in der Frühe…«

Der arme Kleine war in heller Verzweiflung und sprach: »Und wenn Ihr Eure Lust gebüßt und Euch abgekühlt habt, hochwürdiger Herr, darf ich dann wiederkommen?«

Da hatte der Kardinal alle Mühe, sich erbost zu stellen. Aber er erwiderte ernst und streng: »Wähle! Entweder den Galgen oder die Mitra!«

»Ach«, meinte das Pfäfflein arglistig, »eine schöne, fette Abtei…«

Als der Kardinal dies hörte, trat er in den Saal zurück, nahm sein Schreibzeug zur Hand und kritzelte auf ein Stück Pergament ein Briefchen für den Gesandten Frankreichs.

»Hochwürdigster Herr«, raunte ihm indes, während

er den Namen der Abtei hinschrieb, der Touraner ins Ohr, »der Bischof von Chur wird nicht so geschwind weggehn wie ich, denn er besitzt so viele Abteien wie die Landsknechte Schenken in der Stadt, und außerdem hört er die Engel im Himmel singen, so stockbesoffen ist er. So will mich bedünken, ich sei Euch zum Dank für die schöne Abtei einen Rat schuldig… Ihr wißt im übrigen, wie bösartig und ansteckend dieser gottverdammte Keuchhusten ist, der voriges Jahr Paris so grausam heimgesucht hat. Sagt ihm darum, Ihr hättet eben Eurem guten alten Freund, dem Erzbischof von Bordeaux, die letzte Tröstung gereicht… Auf diese Weise werdet Ihr ihn loswerden; er wird davonstieben wie Heu vor einem Windstoß.«

»Oho!« staunte der Kardinal. »Du verdienst etwas Besseres als nur eine Abtei… Hei! Bei Gottes heiligem Bauch! mein Freundchen, da hast du hundert Goldtaler für die Reise nach der Abtei von Turpenay, die ich gestern im Spiel gewonnen habe und die ich dir obendrein noch zum Geschenk mache…«

Als die schöne Imperia diese Worte hörte und ihren Philipp von Mala sich aus dem Staube machen sah, ohne daß er ihr, wie verhofft, einen kitzelnden Glutblick zugeworfen, einen Blick, der alles aussprach, was er an Liebe fühlte, da grollte sie wie eine gereizte Löwin und schnaubte wie ein Delphin. Nun durchschaute sie den ganzen jämmerlichen Kleinmut des Pfäffleins. Sie war noch nicht katholisch genug, um ihrem Liebsten verzeihen zu können, daß er sie genarrt und es nicht verstanden hatte, für sie sein Leben zu lassen, weil ihr gerade der Sinn danach stand. So war denn auch Philipps Todesurteil in dem Nattern-

François Boucher, *Schlafende junge Frau*, 1758
Foto: AKG, Berlin

blick zu lesen, den sie ihm nachsandte. Über diesen pfeilscharfen Blick freute sich der Kardinal mit hämischem Schmunzeln, denn der italienische Wollüstling sah wohl, daß ihm über kurz oder lang seine Abtei wieder zufallen werde. Der kleine Touraner kümmerte sich nicht weiter um das dräuende Ungewitter, sondern drückte sich beiseite, in aller Stille und mit hängenden Ohren wie ein begossener Pudel, den man aus der warmen Stube jagt. Imperia seufzte aus tiefstem Herzensgrunde. Hätte sie das ganze Menschengeschlecht jetzt in die Finger gekriegt, sie hätte ihm wahrlich übel mitgespielt, denn das Feuer, das in ihr loderte, war ihr zu Kopfe gestiegen, und rings um sie knisterte und sprühte die Luft. Sie hatte auch allen Grund zu solcher Wut, war's doch zum erstenmal, daß ein geistlicher Mann sie am Narrenseil herumgeführt hatte. Aber der Kardinal lächelte vor sich hin, denn er versprach sich davon nur um so mehr Glück und Genuß. War er nicht ein pfiffiger Geselle? Freilich, dafür trug er ja auch den roten Hut!

»Ja, ja, liebwerter Gevatter«, begrüßte er den Bischof, »ich preise mich glücklich, in Eurer Gesellschaft zu sein, und ich freue mich auch, daß es mir gelungen, diesen Knirps und Schreiberling zu verscheuchen, der wahrlich der gnädigen Frau unwert ist, um so mehr, als auch Ihr, mein bildschönes, sprühlebendiges Rehkitzchen, hättet eines würdelosen Todes sterben können, wäret Ihr diesem einfältigen Bübchen nahe gekommen ...«

»Was Ihr nicht sagt! Wieso?«

»Ei, er ist der Schreiber des hochwürdigen Erzbischofs von Bordeaux!... Nun ist aber dieser wackere

Mann heute in der Morgenfrühe von der Seuche befallen worden...«

Da sperrte der Bischof das Maul auf, als wollte er einen ganzen Käse verschlucken.

»Du mein Trost! Woher wißt Ihr das?...« fragte er.

»Fürwahr«, versetzte der Kardinal und nahm den gutgläubigen Deutschen bei der Hand, »ich habe ihm vorhin die Letzte Ölung und Tröstung gespendet... Zu dieser Stunde fährt der Gute schon mit vollen Segeln dem Paradiese zu.«

Da zeigte der Bischof von Chur mit einmal, wie leichtfüßig dicke Männer sein können. Das kommt daher, daß beleibte Leute, aus Gottes besonderer Gnade, zum Lohn für ihre Mühseligkeiten und Beschwerden, ihre innerlichen Kanäle dehnbar wie Gummibälle haben. Da tat nun selbiger Bischof einen mächtigen Satz rückwärts, schwitzte bächeweis vor Angst und Qual, hustete auch bereits wie ein Ochse, welcher in seinem Fressen Flaumfedern gefunden hat. Dann ward er mit einmal leichenfahl und rannte die Stiegen hinab, ohne der schönen Herrin auch nur Lebewohl zu sagen. Als die Tür hinter dem Bischof sich zugetan hatte und er die Straßen hinunterhastete, fing der Kardinal von Ragusa an zu lachen und seiner zu spotten.

»Ach, mein Liebchen, bin ich nicht würdig, Papst zu werden und, was mir noch lieber ist, für heute nacht dein Liebster?...«

Doch da er Imperia sorgenvoll sah, trat er zu ihr und gedachte sie zu herzen, sie verliebt mit seinen Armen zu umfangen und an sich zu drücken nach Art der Kardinäle, welche besser als alle andern zu kosen verstehen, besser sogar als die Landsknechte, dieweil sie müßig gehn und mit ihren Lebensgeistern haushalten.

»Ha!« schrie sie auf und wich vor ihm zurück, »du willst meinen Tod! Du erzbischöflicher Narr! Euch ist ja stets nur die Hauptsache, daß Ihr Euern Spaß dabei findet, boshafter, lästerlicher Wüstling, und was mir dabei geschieht, ist gänzlich unwichtig. Hast du nur deine Lust, und kostet es mich auch das Leben, ei, dann wirst du mich eben heiligsprechen, ist's nicht so?… Aha, Ihr habt die Seuche und wollt mich haben!… Pack dich, trolle dich anderswohin, du hirnloser Mönch… Und rühr mich nicht an, nimm dich in acht«, setzte sie hinzu, da sie sah, wie er abermals auf sie losgehn wollte, »sonst mach ich dich mit diesem Dolch kirre!«

Und bei diesen Worten zog das listige Weib ein allerliebstes zierliches Stilett aus ihrer Gürteltasche, mit dem sie bei Gelegenheit und notfalls meisterlich umzugehen wußte.

»Aber, mein kleines Paradiesgärtlein, mein Liebchen«, begütigte sie der Kardinal unter Lachen, »siehst du denn nicht, daß es bloß eine Kriegslist war?… Mußte ich nicht diesen alten Ochsen aus Chur hinausekeln?«

»Meinetwegen… Ob Ihr mich liebhabt, werde ich ja unverweilt sehen«, entgegnete sie darauf. »Ich wünsche, daß Ihr auf der Stelle fortgeht… Hat Euch die Seuche geschnappt, so schiert Euch mein Tod nicht viel. Ich kenne Euch gut genug und weiß, was Ihr Euch einen Augenblick der Lust zur Stunde Eures Hinscheidens kosten lassen würdet. Ihr wärt imstande, den Erdball zu ersäufen. Ha, Ihr habt selber damit geprahlt, als Ihr einmal trunken wart! Ich aber liebe nichts außer mir selbst, meinen Schätzen und meinem Wohlbefinden... Geht jetzt, und wenn Ihr morgen noch am Leben seid und Euch Freund Hein nicht geholt hat, kommt wieder und besucht mich... Heute haß ich dich, mein viellieber Kardinal«, sprach sie lächelnd.

»Imperia!« flehte der Kardinal auf den Knien, »meine heilige Imperia, komm, treib nicht dein Spiel mit mir!«

»Nein, nein«, erwiderte sie, »ich spiele nie und nimmermehr mit heiligen und geweihten Dingen.«

»Ha, du Metze! Ich exkommuniziere dich... morgen!...«

»Gütiger Gott! Nun seid Ihr aber, obwohl ein Kardinal, ganz von Sinnen.«

»Imperia, du Satanstochter und Teufelsweib!... Was sag ich da bloß?... Meine Tausendschönste!... Mein Kindchen!...«

»Ihr verliert ja allen Respekt!... Kniet doch nicht vor mir. Pfui doch!«

»Möchtest du einen Ablaß *in articulo mortis?*... Willst du mein Vermögen oder noch lieber einen Splitter vom wahrhaft echten Kreuze Christi?... Sag, willst du?...«

»Heut abend vermöchten alle Reichtümer des Himmels und der Erde mein Herz nicht zu kaufen!...« lachte sie. »Ich wäre die erbärmlichste unter den Sünderinnen, unwürdig, den Leib des Herrn zu empfangen, hätte ich nicht auch meine Launen.«

»Ich stecke dein Haus in Brand!... Hexe, du hast mich besprochen und verwünscht!... Du wirst noch auf dem Scheiterhaufen schmoren! Hör mich an, mein herziges Luderchen. Ich verspreche dir das schönste Plätzchen im Himmelreich! Was sagst du jetzt! – Nein? – So stirb denn, stirb eines Jammertodes, du Hexe!«

»Oho! Vorher müßt Ihr dran glauben, hochwürdiger Herr!«

Der Kardinal schäumte vor böser Wut.

»Ihr verliert den Verstand«, sagte sie, »geht jetzt… Das ermüdet Euch nur…«

»Ich werde Papst, und dann sollst du mir diesen Schimpf entgelten!«

»Auch dann werdet Ihr nicht von der Pflicht entbunden sein, mir zu gehorchen.«

»Was muß ich also heute abend tun, um dir zu gefallen?«

»Fortgehen…«

Und sie lief behend, leichtfüßig wie eine Bachstelze, in ihre Schlafkammer und verriegelte die Tür. Den Kardinal aber ließ sie draußen wettern und toben, bis er schließlich wohl oder übel das Feld räumte. Als die schöne Imperia allein vor dem Kaminfeuer wieder am Tische saß und ihr nur ihr kleines Pfäfflein fehlte, da zerriß sie vor Ingrimm alle ihre goldnen Ketten und rief: »Beim dreifachen Doppelgehörn des leibhaftigen Gottseibeiuns! Wenn der Kleine mich hat den Kardinal so schnöde abblitzen lassen und mich in Gefahr bringt, morgen früh einem schleichenden Gift zu erliegen, ohne daß ich meine Freude mit ihm gehabt habe… bis ich genug und übergenug habe! – so will ich nicht eher sterben, als bis ich ihn lebendigen Leibs geschunden vor mir sehe… Ach mein Gott!« wehklagte sie, und für diesmal rannen ihr echte Tränen über die Wangen, »ich führe ein erbärmlich elendes Leben, und das bißchen Glück, das mir dann und wann in den Schoß fällt, erkaufe ich mit einem hundewürdigen Dasein, ganz abgesehen von meinem ewigen Seelenheil...«

Während sie just ihren Kropf vollends leerte und dabei stöhnte gleich einem Kalb, das man absticht, da gewahrte sie das blühendrote Gesicht des kleinen Priesters, der sich geschickt verborgen hatte und nun mit einemmal hinter ihrem venezianischen Wandspiegel hervorlugte.

»Ach!« frohlockte sie, »du bist doch der allerpfiffigste Mönch, das hübscheste Mönchlein, das durchtriebenste Pfäfflein und vertrackteste Meuchelmönchlein und bübischste Priesterbübchen, das jemals hier in dieser heiligen verliebten Stadt Konstanz herumgemönchelt hat!... Komm, ach komm, mein artiger Tröster, mein Herzenssohn, mein Dickwänstchen du, mein Wollustgärtlein, mein wonniges Glück! Ich will deine Augen trinken, dich vor Liebe auffressen mit Haut und Haar, dich totküssen! O du, mein blühender, immergrüner, ewigjunger Gott!... Komm, aus einem kleinen Pfaffen will ich dich zu einem König machen, zu einem Kaiser, zum Papst! Viel glücklicher sollst du sein als sie alle insgesamt! – Schau, du darfst hier drinnen alles brandschatzen und verheeren! Bin ich doch dein eigen! Ganz und uneingeschränkt! Und ich will's dir wohl beweisen, denn du sollst über kurz oder lang Kardinal sein, und müßte ich auch, das Barett purpurn zu färben, mein ganzes Herzblut verströmen!«

Und mit vor Seligkeit zitternden Händen füllte sie einen goldenen Becher, den der Bischof von Chur mitgebracht hatte, mit griechischem Wein und kredenzte ihn ihrem Liebsten, dem sie auf den Knien dienen wollte, sie, deren Pantöffelchen den Fürsten mehr behagten als des Heiligen Vaters Pantoffel.

Er aber schaute sie stumm und wortlos an, mit solch einem liebeshungrigen Blick, daß sie vor Wonne erzitterte und zu ihm sprach: »Schweig still, Kleiner, schweig still… Komm zum Mahl!«

Johann Heinrich Füssli, *Dame am Fenster beim Mondschein*
Foto: AKG, Berlin

DIE TEURE LIEBESNACHT

In dem Winter, als zum erstenmal die Reformierten zu den Waffen griffen, welche Unruhen man den Aufruhr von Amboise nannte, lieh ein Advokat namens Avenelles sein Haus in der Götzengasse den Hugenotten für ihre Zusammenkünfte und Versammlungen, da er insgeheim einer ihrer Mitläufer war. Er ahnte freilich nicht, daß der Prinz von Condé, La Regnaudie und andere seit langem schon vorhatten, den König zu entführen.

Besagter Avenelles war ein widerwärtiger rotbärtiger Schuft, glatt und höflich wie ein Süßholzstengel und bleich wie ein Teufel, wie es ja zumeist die Stänkerer sind, die in den finstern Bereichen des Gerichtshauses vergraben hausen, kurzum, er war der bösartigste, arglistigste Advokat, der jemals gelebt hat, solange die Welt besteht. Nichts erheiterte ihn so, wie wenn ein armer Sünder am Galgen aufgeknüpft wurde, aus allem wußte er Geld herauszuschlagen, alles verschacherte er, mit einem Wort, er war ein wahrer Judas. Will man etlichen Geschichtsschreibern glauben, so war dieser durch und durch gerissene Rechtsverdrcher, schlau wie er war, halb Fisch, halb Fleisch bei diesem Handstreich und trug auf beiden Schultern Wasser, wie auch klar und deutlich aus der nachstehenden Geschichte hervorgeht.

Unser Advokat hatte eine ausnehmend hübsche Bürgerstochter aus Paris zur Frau genommen und war so maßlos eifersüchtig, daß er sie wegen eines Fältchens im Leintuch, über das sie nicht genauestens Rechenschaft hätte ablegen können, glattweg umgebracht hätte – was ein schreiendes Unrecht gewesen wäre, weil nämlich des öftern auch ehrbare Falten in den Bettlaken zu finden sind. Sie aber schlug ihre Leintücher jedesmal sorgsam um, und damit basta. Verlaßt euch drauf, sie kannte die mordlustige und bösartige Veranlagung ihres Mannes, und so blieb sie treu und wich nicht um Fingerbreite von ihren ehelichen Pflichten ab, die brave Frau, war allezeit bereit wie ein Kirchenlicht, erfüllte ordentlich und gewissenhaft ihre Obliegenheiten als Hausfrau und Gattin, wie eine Truhe, die nie von ihrem Platz weicht und sich auf Wunsch und Gebot auftut. Trotz alledem hatte sie der Advokat unter die Vormundschaft und scharfäugige Aufsicht einer Magd gegeben, eines alten Drachens, häßlich wie ein Topf, dem die Schnauze abgebrochen ist. Die Alte hatte den Avenelles aufgezogen und großgepäppelt und war ihm mit Leib und Seele ergeben.

Die bedauernswerte Advokatin kannte nur einen Lichtblick, eine einzige Abwechslung in ihrer eintönigen und nüchternen Ehe. Sie pflegte täglich ihre Andacht in der Sankt-Johannis-Kirche auf dem Grève-Platz zu verrichten, wo sich, wie jeder weiß, die vornehme Welt ihr Stelldichein gab. Da betete sie ihre Vaterunser und weidete ihre Augen an allen den feinen Herren, die da schön gekräuselt, geschniegelt und gebügelt, mit prächtig gestärkten Halskrausen hin und her stolzierten, farbenprunkend wie bunte Falter. Schließlich stach ihr unter den reichgeputzten Männern einer sonderlich in die Augen, ein Edelmann und Freund der Königinmutter, ein Italiener, ein bildschöner Mann, in den sie sich Hals über Kopf mit Haut und Haar verliebte. Er war ein Mann im blühenden Lenz seiner Jahre, prächtig gekleidet, voll edlen Anstandes in seinem Gehaben, männlich und kühn von Angesicht, kurzum, er hatte alles, was ein Mann haben muß, um einer Frau den Kopf zu verdrehen, noch dazu einer ehrsamen Frau, die gar zu eng in ihre ehelichen Bande eingezwängt ist; denn gerade dieser Zwang wird ihr allmählich lästig und treibt sie unwiderstehlich dazu, ihre Fesseln abzustreifen und Zaum und Zügel des Ehejochs von sich zu werfen. – Laßt euch sagen, daß auch der junge Edelmann sich, hast du nicht gesehen? in die hübsche Bürgersfrau verliebte, deren stumme Liebe äußerst beredt zu seinem Herzen sprach, freilich so heimlich und unbemerkt, daß selbst der Teufel nicht, geschweige denn die beiden Liebesleute jemals gewußt hätten, wie das zuging. Also hob zwischen ihnen eine verliebte Zwiesprache mit Äugeln und Blickewerfen an, schweigend und lautlos, dafür aber um so unmißverständlicher und beseligender. Zuerst putzte sich die Advokatin nur noch im Gedanken an ihren Kirchgang, und jedesmal kam sie kostbarer gekleidet hin. Dann vergaß sie, zu Gottes großem Ärgernis, völlig, ihre Gedanken Gott zuzuwenden, dachte vielmehr nur noch an ihren schönen Edelmann, ließ ihre Gebete ungebetet und gab sich dem Feuerbrand hin, der ihr das Herz versengte und ihre Augen feuchtete, die Lippen und alles, weil solches Feuer sich ja allezeit in Feuchtigkeit niederschlägt. Und oft und immer wieder sprach sie bei sich selber: Ach, mein ganzes Leben gäbe ich hin, wenn ich nur ein einzig Mal mit diesem hübschen Mann, der mich liebt, Leib an Leib zusammensein könnte! Oftmals auch, wenn sie ihre Litaneien zur jungfräulichen Mutter Maria betete, dachte sie in ihres Herzens Grunde: Dürfte ich nur einmal die blühende Jugendkraft dieses artigen Liebhabers spüren und alle Liebesfreuden mit ihm auskosten, sei es auch nur in einem einzigen Augenblick, dann ängstete mich der Scheiterhaufen nicht mehr, auf den man die Ketzer wirft! Als nun der Edelmann sah, wie sich die gute Frau herausputzte, wie sie sich ihm zuliebe schönmachte und jedesmal tief errötete, wenn er sie anschaute, da strich er immer wieder um ihren Betstuhl, blieb dicht in ihrer Nähe und warf ihr stumm-bittende Blicke zu, die ja die Frauen ausnehmend gut verstehen. Dabei sprach er zu sich selber: Beim doppelten Gehörn meines Vaters! Die Frau muß ich haben, und müßte ich dabei mein Leben lassen! Das schwöre ich!

Und kaum wandte die alte Magd den Kopf weg, so drückten sich die beiden Verliebten verstohlen aneinander, rückten eng zusammen, berochen sich, atmeten tief und beklommen, schauten einander mit verzehrenden, hungrigen Augen an, mit Blicken, so glühend, daß eines Arkebusiers Lunte hätte Feuer fangen müssen, wenn ein Arkebusier in der Nähe gewesen wäre. So mußte es kommen, daß eine bereits so tief im Herzen eingewurzelte Liebe zu guter Letzt ihren Lohn fand. Der Edelmann verkleidete sich als Scholar des Montaigu-Kollegiums, fing an, die Schreiber des genannten Avenelles gastlich zu bewirten und in ihrer Gesellschaft zu zechen und zu tafeln; machte sich auch, wann er's konnte, mit ihnen gemein, denn so hoffte er Lebensweise und Gewohnheiten ihres Herrn auszukundschaften, zu welchen Tagesstunden er aus dem Hause war, wann er eine Reise unternahm und was er sonst tat und trieb, immer auf der Lauer nach einer günstigen Gelegenheit, ihm Hörner aufzusetzen. Und bald fand sich auch, zu seinem Unheil und Schaden, diese Gelegenheit.

Der Advokat, der wohl oder übel bei der Verschwörung mitmachen mußte, obschon er in seinem Herzen entschlossen war, seine Mitverschworenen gegebenenfalls an die Guisen zu verraten, trug sich mit der Absicht, nach Blois zu fahren, wo damals der Hof weilte und große Gefahr lief, überrumpelt zu werden. Das erfuhr der Edelmann und ritt ihm voraus nach Blois, wo er eine meisterliche Falle ausheckte, in welche der Advokat Avenelles trotz all seiner Schlauheit geraten sollte und woraus er nicht anders hervorgehn konnte als mit einer karminroten Hahnreischaft beschenkt. Der liebestrunkene Italiener rief alle seine Knappen und Diener zusammen und legte sie so auf die Lauer, daß bei der Ankunft des Advokaten, seiner Gattin und der alten Dienerin ihnen in sämtlichen Herbergen und Gasthäusern, in welchen sie einkehren und übernachten wollten, bedeutet würde, alle Betten seien längst von Leuten besetzt, die zum Hofstaat gehörten, und sie müßten anderweitig Unterkunft suchen. Darauf vereinbarte der Edelmamn mit dem Wirt *Zur Königlichen Sonne,* daß das ganze Haus ihm allein zur Verfügung stehe und er und sonst niemand darin Wohnung nehmen dürfe; auch die Dienerschaft und das Ingesinde sollten anderswo Obdach finden. Zur größeren Sicherheit schickte der Italiener obendrein noch den besagten Bratkoch mitsamt seinen dienstbaren Geistern aufs Land und setzte seine eignen Leute an ihre Stelle, auf daß der Advokat ihm nicht auf die Schliche kommen und die ganze Machenschaft durchschauen sollte. Dann lud der Edelmann alle seine Freunde, die zu Hof gekommen waren, in den Gasthof ein, für sich selber aber behielt er eine Kammer gerade über den Zimmern, wo er seine schöne Geliebte und ihren Advokaten nebst der alten Magd unterzubringen gedachte. Zuvor aber hatte er eine Falltür im Fußboden anbringen lassen.

Sein Küchenmeister mußte den Gastwirt spielen, seine Pagen hatte er angewiesen, als Bediener und Hausknechte aufzuwarten, seine Mägde als Wirtshausmägde und Zimmermädchen verkleidet, und nun wartete er, bis seine Späher ihn die handelnden Personen dieser Posse zuführten, das heißt die Frau, ihren Mann, die alte Magd und was noch dazugehörte. Es dauerte auch nicht lange, so kamen sie. Angesichts des großen Zustroms von vornehmen Herrschaften, Krämern, Handelsleuten, Reisigen und Söldnern, Dienstleuten und Gefolgsmannen und anderes, wie es der Aufenthalt des jungen Königs, der beiden Königinnen, der Guisen und des gesamten Hofes mit sich brachte, hatte niemand weder Zeit noch Lust, sich über die Falle zu wundern, die dem Federfuchser zugerichtet worden war, oder sich über das ganze Drunter und Drüber, das in der *Königlichen Sonne* herrschte, aufzuhalten. So ward denn Avenelles bei seiner Ankunft allerorten fortgewiesen, er so gut wie sein Eheweib und auch die alte Kammerfrau, und von einem Gasthof zum andern verwiesen, bis er schließlich noch gottfroh war, als er in der *Königlichen*

Sonne unterkommen konnte, wo der verliebte Italiener behaglich in der Wärme saß und seine Liebe pflegte. Als der Advokat in seiner Kammer untergebracht war, schlenderte der Edelmann drunten im Hof auf und ab und lauerte, ob er nicht einen Blick seiner Angebeteten erhaschen könnte. Er mußte auch gar nicht lange warten, denn die Advokatin warf nach Weiberart schon bald einen Blick in den Hof und erkannte sogleich klopfenden Herzens ihren Galan, den Auserwählten ihrer Seele. Wie glücklich war sie da! Wären sie beide zufällig allein und ungestört gewesen, und sei es nur ein kurzes Weilchen lang, der gute Edelmann hätte nicht länger auf sein Glück zu warten brauchen, so stand sie vom Kopf bis zu den Füßen in Flammen.

»Oh! Das macht einem rechtschaffen warm hier, wenn man so von den Strahlen dieses schönen Junkers beschienen wird!« meinte sie. Sie hatte aber sagen wollen: dieser schönen Sonne, weil nämlich gerade die Sonne schön warm herniederschien.

Kaum hörte das der Advokat, so kam er eilends ans Fenster gerannt und sah auch schon den Edelmann drunten im Hof.

»Ha! Du schaust also nach Junkern aus, mein Schatz!« knirschte der Rechtsverdreher, packte sie am Arm und schmiß sie wie eines von seinen Aktenbündeln aufs Bett hin. »Bedenke wohl: wenn ich auch eine Federbüchse statt eines Degens an meiner Seite trage, so habe ich doch in dieser Büchse ein spitzes Messer verwahrt. Und dies spitze Messer könnte dir zu guter Letzt ins Herz fahren beim leisesten Argwohn, ja beim Schatten eines Argwohns, du könntest dich gegen deine ehelichen Pflichten vergangen haben! Mich will bedünken, ich habe diesen Junker irgendwo schon gesehen!«

So tückisch und niederträchtig stierte der Advokat die zitternde Frau an, daß sie aufsprang und zu ihm sprach: »So bringt mich doch ums Leben! Tut es nur! Ich mag Euch nicht betrügen, ich würde mich dessen schämen! Nie wieder sollt Ihr mich anrühren, nachdem Ihr mich so roh bedroht habt! Und von heut an will ich nur noch an eines denken: wie ich nämlich mit einem Liebsten schlafen kann, der manierlicher und höflicher ist, als Ihr es seid!«

»Nun sei wieder gut, mein Schätzchen«, beschwichtigte sie der Advokat ganz bestürzt, »ich bin ein bißchen scharf ins Zeug gegangen, das geb ich zu. Komm, küß mich, mein Herz, und alles soll vergeben und vergessen sein.«

»Ich will Euch nicht küssen und Euch auch nicht verzeihen«, fauchte sie, »Ihr seid ein gemeiner Kerl!«

Da geriet Avenelles in rasende Wut und wollte sich mit Gewalt holen, was ihm die Advokatin verweigerte. Es kam zu einem Handgemenge, aus dem der Gatte weidlich zerkratzt hervorging. Das schlimmste aber war, daß der übel zerkratzte und zerschundene Advokat von den Verschwörern erwartet wurde, welche Rat hielten, und somit notgedrungen seine Frau in der Obhut der Alten allein lassen mußte.

Kaum war der Paragraphenreiter aus dem Hause, so stellte auch schon der italienische Edelmann einen von seinen Dienern an der Straßenecke auf die Lauer, stieg hinauf zu seiner glückverheißenden Falltür, hob sie leise und unhörbar auf und rief seine Herzallerliebste mit einem hauchleisen Pst! Pst!, das sie mit ihrem Herzen vernahm, denn es gibt ja kein so hellhöriges Organ wie ein liebend Frauenherz. Die schöne Frau blickte empor und gewahrte ihren Liebsten zu ihren Häupten, knappe vier Flohhupfe über ihrem Kopf. Auf einen Wink des Edelmanns ergriff sie zwei dicke Seidenstricke, an denen zwei Ringe festgemacht waren. Dahinein steckte sie ihre Arme, und im Handumdrehn war sie mittels zweier Winden aus ihrem Bett hinaufgehoben ins obere Gemach, mitten durch die Zimmerdecke, die sich so rasch wieder schloß, wie sie sich aufgetan hatte, so daß die alte Magd, der grimmige Tugenddrache, allein und in großer Not zurückblieb. Denn als sie von ungefähr den Kopf wandte, sah sie weder Kleid noch Frau im Zimmer mehr. Da war ihr mit einmal klar, daß die Frau entführt worden war. Wie aber? Von wem? Auf welchem Wege? Wohin?... Ja, Schneckentänze und Firlefanz, hol's der dreimal krummgebohrte Teufel! So weit waren auch die alten Alchimisten schon in ihrem Wissen gediehen, wenn sie vor ihren Schmelzöfen hockten und *Her Trippa* lasen. Nur wußte die Alte sehr wohl, was das hier für ein Schmelztiegel war und worin der Stein der Weisen bestand. Das eine war die hohe Kunst des Hörnens und das andere das herzige Ding der Advokatin.

So erwartete sie denn mit Zittern und Zagen die Rückkunft ihres Herrn, und geradesogut könnte man sagen, sie erwartete den sichern Tod, denn in seiner schäumenden Wut würde er bestimmt alles kurz und klein schlagen, was ihm in die Quere kam. Und sich aus dem Staube machen konnte sie auch nicht, die Ärmste, denn der gewitzte Advokat hatte in seiner Eifersucht hinter sich die Tür abgeschlossen und den Schlüssel mitgenommen.

Zuallererst fand Frau Avenelles oben bei ihrem Liebsten ein Abendessen vor, ein herrlich warmes Feuer im Kamin, ein noch heißeres Feuer aber im Herzen ihres Geliebten, der sie in seine Arme schloß und unter Freudentränen küßte, zuerst auf beide Augen, um ihnen für ihre wohltuenden Blicke zu danken, die ihm jedesmal während der Andacht in der Kirche zu Sankt Johann waren zuteil geworden. Darauf versagte ihm die liebesdurstige Advokatin nicht länger ihr süßes Schnäbelchen zum Liebhaben, ließ sich vielmehr nach Herzenslust lieben, drücken, streicheln, kosen und karessieren, glücklich und selig, daß sie ebenso ausgiebig geliebt, gedrückt, gestreichelt, gekost und karessiert wurde, wie's ausgehungerte Liebesleute eben an sich haben. Dann kamen sie miteinander überein, sie wollten die ganze Nacht hindurch beisammen bleiben und sich nicht darum kümmern, was daraus entstehen könnte. Sie war so toll auf ihren Liebsten versessen, daß sie sich keinen Deut um die Zukunft scherte und für die Wonne dieser Nacht alles drangab, während er sich auf sein gutes Schwert verließ und auf sein Glück, das ihm wohl noch etliche andere Liebesnächte vergönnen mochte. Kurzum, beiden lag nicht viel an ihrem Leben, wenn sie nur für diesmal tausendfaches Leben genießen, tausend und aber tausend Freuden kosten konnten, wobei sie jedes dem andern doppelt vergalten, was sie einander schenkten. Es war ihnen, als sänken sie engvereint in einen tiefen Abgrund, und sie wollten engumschlugen da hinabstürzen und die ganze Liebe, die ihre Seele erfüllte, mit einmal und zugleich verströmen. Hei, war das ein Lieben und Umarmen. Drum haben ja auch die armen biedern Pfahlbürger gar keinen Begriff davon, was Liebe ist, wenn sie friedlich und behaglich neben ihren hausbackenen Ehefrauen im Bette liegen, wissen sie doch nichts von den verzehrenden Sehnsüchten des Herzens, von den glutheißen Ausbrüchen, dem kraftvollen und stürmischen Überschwang, nichts von all der verzweifelten Inbrunst, die zwei Liebende beseelt, wenn sie nackt und bloß und vor Verlangen glühend sich im Angesicht sicherer Todesgefahr paaren.

So rührten die schöne Frau und der Edelmann das Essen kaum an und gingen früh zu Bett. Und da müssen wir sie wohl oder übel sich selbst überlassen, zumal keine irdischen Worte, höchstens die Sprache der Engel, die unsereinem unbekannt ist, uns ihre verzückten Todesängste und angstvollen Verzückungen zu schildern vermöchten.

Inzwischen war der Gatte der schönen Frau, der so gründlich mit Hörnern verziert wurde, daß jegliche Erinnerung in die Ehe fein säuberlich ausgelöscht und ausgekehrt war – inzwischen war besagter Avenelles in arger Verlegenheit. Denn zur Beratung der Hugenotten erschien auch der Prinz von Condé, in Begleitung aller Häupter und Führer der Verschwörung, und da wurde beschlossen, die Königinmutter, die Guisen, den jungen König und die junge Königin zu entführen und einen Staatsstreich ins Werk zu setzen. Nun wurde es ernst, und die Sache kam dem Advokaten brenzlig vor; er sah, daß auch sein Kopf auf dem Spiel stand, und spürte darum gar nicht, was ihm für artiges Gehörn daraufgepflanzt wurde. Er rannte sporn-

Sir Peter Lely, *Liebespaar in der Landschaft*
Foto: AKG, Berlin

streichs zum Kardinal von Lothringen und verriet ihm die geplante Verschwörung, und der Kardinal nahm den Advokaten auf der Stelle mit zu seinem Bruder, dem Herzog. Nun ratschlagten sie selbdritt und machten dem Verräter, dem Avenelles, die schönsten Versprechungen, ließen ihn auch höchst ungern und erst um die mitternächtliche Stunde wieder ziehen, zu welcher Zeit er sich heimlich aus dem Schlosse fortstahl.

Zur selben Stunde hielten die Pagen des Edelmanns und sein ganzes Gesinde ein Festgelage ab zu Ehren der unvermuteten Hochzeit ihres Herrn, und es ging hoch her im Gasthof. Als nun mitten in die ausgelassene Stimmung, den wüsten Lärm und das Gejohle der schwer bezechten Saufbrüder besagter Avenelles hereinplatzte, nahmen sie ihn sofort aufs Korn und setzten ihm schwer zu mit Hohnreden, Sticheleien und Gelächter, mit anzüglichen Spottverschen und unverschämten Anspielungen, so daß er kalkweiß im Gesicht ward und weiterstürmte in seine Kammer, wo er aber außer der alten Magd keine Menschenseele vorfand. Das Vöglein war ausgeflogen! Die beklagenswerte Alte wollte etwas sagen, wollte sich herausreden, doch der Advokat hielt ihr die geballte Faust unter die Nase und gebot ihr Schweigen. Dann wühlte er in seinem Koffer und holte einen scharfgeschliffenen spitzen Dolch hervor. Indes er ihn aus der Scheide zog und die Schneide prüfte, drang durch die Falltür ein helles, fröhliches, sorgloses, verliebtes, himmlisch heiteres Lachen herab, dem ein paar Worte folgten, die unschwer zu verstehen waren. Da blies der Pfiffikus von einem Advokaten sein Kerzenlicht aus und sah durch die Spalten und Ritzen der Zimmerdecke und durch eine Lücke in der Falltür einen Lichtschein schimmern, der ihm das waltende Mysterium recht zum Greifen deutlich enthüllte, zumal er die Stimme seiner Ehefrau und ihres Buhlers erkannte. Da packte der gehörnte Gatte die Magd mit eisernem Griff am Arm und stieg unhörbaren Schrittes die Treppe hinauf, suchte die Tür zu dem Zimmer, wo die beiden Liebenden beisammen waren, und nicht lange, so hatte er sie gefunden. Laßt euch erzählen, daß er mit einem grauenhaften Fußtritt die Tür einrannte und mit einem gewaltigen Satz aufs Bett sprang, wo er sein Weib halb nackt in den Armen ihres adligen Liebhabers ertappte. »Ach!« stieß sie hervor, sonst nichts. Der Liebhaher hatte dem Stoß ausweichen können und versuchte nun, dem Federfuchser den Dolch aus den Händen zu reißen. Da nun in diesem Kampf auf Leben und Tod der Gatte spürte, wie ihn sein Stellvertreter mit eisenharten Fingern umklammert hielt, wie überdies seine Frau sich regelrecht in ihn verbissen hatte und ihn mit den Zähnen bearbeitete, an ihm herumnagte wie ein Hund an einem Knochen, da fiel ihm ein, wie er seinen Zorn noch besser an ihnen auslassen konnte. Dieser neugehörnte Teufel befahl hinterlistig in seinem Kauderwelsch der Magd, sie solle unverzüglich das verliebte Pärchen mit den seidenen Schnüren der Falltür fesseln, warf seinen Dolch weg und half ihr, sie zu binden. Als dies im Handumdrehen vollbracht war, stopfte er ihnen einen Zipfel des Leintuchs in den Mund, um sie am Schreien zu hindern, und griff hierauf geschwind aufs neue nach seinem Dolchmesser, ohne noch ein Wort zu verlieren.

In diesem Augenblick drangen mehrere Reisige des

Herzogs von Guise ins Zimmer. Während des wilden Kampfes und Ringens hatte niemand hören können, wie sie im ganzen Gasthaus das Unterste zuoberst kehrten und allerorten nach dem Avenelles suchten. Diese Söldner waren durch das Geschrei der Pagen des gefesselten, geknebelten und halbtoten Edelmanns stutzig geworden, und nun stellten sie sich schützend vor das Liebespaar und warfen sich dem dolchbewehrten rasenden Advokaten entgegen, entwaffneten ihn und vollzogen ihren Auftrag, indem sie ihn festnahmen und mitsamt seinem Weib und der alten Magd ins Verlies des Schlosses abführten. Jetzt erst erkannten die Diener der Guisen in dem Italiener einen Freund ihrer Herrschaft, dessen Rat die Königin in diesem Augenblick dringend brauchte. Auch waren sie beauftragt worden, ihn unverweilt zur Ratsversammlung zu befehlen, und so ersuchten sie ihn, augenblicklich mit ihnen zu kommen. Während nun der Edelmann rasch losgebunden wurde und sich ankleidete, nahm er den Anführer der reisigen Horde auf die Seite und sagte ihm leise ins Ohr, er möge, wenn ihm sein Leben lieb sei, ihm zum Gefallen Sorge tragen, daß der Gatte von seiner Frau ferngehalten werde; und er versprach ihm seine Gunst, rasches Vorankommen und eine ansehnliche Geldsumme, wenn er sich's angelegen sein lasse, ihm in diesem Punkte Gehorsam zu leisten. Dann zog er den Mann noch weiter ins Vertrauen und eröffnete ihm alle Umstände und Zusammenhänge des Vorfalls und setzte hinzu, wenn der rasende Gatte in die Nähe dieser anmutvollen Frau kommen könne, so werde er ihr unfehlbar einen so furchtbaren Fußtritt in den Bauch versetzen, daß sie sich nie wieder davon erholen könne. Zu guter Letzt befahl er ihm, der schönen Sünderin im Schloßgefängnis einen gefälligen Gewahrsam zu verschaffen, irgendwo in einem Gelaß, das ebenerdig auf den Garten hinausschaue, den Advokaten hingegen in ein sicheres Verlies zu verbringen und ihn ja gut und sicher anzuketten. Das versprach der Offizier, und er führte die Weisungen und Wünsche des Edelmanns getreulich aus. Der Edelmann gab der Dame noch das Geleit bis in den Schloßhof; er versicherte ihr wiederholt, diesmal könne es nicht fehlen: sie werde ihren Mann verlieren, und er werde sie dann vielleicht zu seiner rechtmäßigen Gattin machen.

In der Tat wurde der Advokat Avenelles in ein feuchtes Burgverlies ohne Licht und Luft geworfen, seine reizende Frau aber in einem kleinen Kämmerchen über seinem Kerker untergebracht, und dies alles geschah auf Veranlassung ihres hochmögenden Liebhabers, der kein Geringerer war als der edle Herr Scipione Sardini, ein vornehmer adliger Herr aus Lucca, ein unermeßlich reicher Mann und – wie schon oben erwähnt – ein Freund der Königin Katharina von Medici, die damals im Einvernehmen mit den Guisen das ganze Land nach ihrer Pfeife tanzen ließ.

Dann begab sich der Italiener spornstreichs hinauf zur Königin, wo gerade insgeheim Rat gehalten wurde, und dort erfuhr er, was vorging und geplant war, und auch, in welch großer Gefahr der Hof schwebte. Der Signor Sardini fand die geheimen Räte der Königin über dies Unheil sehr bedrückt und gänzlich ratlos; aber er brachte sie allesamt unter einen Hut, als er ihnen sagte, sie sollten das ganze Unheil zu ihren

Gunsten wenden, und seinem klugen Rat war's zu verdanken, daß der König wohlweislich ins Schloß zu Amboise zog, damit man dort die ganze Ketzerbrut wie Füchse in einem Sack fangen und sie samt und sonders niedermetzeln konnte. So geschah es denn auch; und jedermann weiß, wie die Königinmutter und auch die Guisen sich listig zu verstellen wußten und sich abseits hielten und was für ein schlimmes Ende der ganze Aufruhr von Amboise nahm. Doch das gehört nicht hierher.

Als dann am frühen Morgen alle das Zimmer der Königin verließen, wo alles abgekartet und angezettelt worden war, da vergaß Signor Sardini nicht seine Liebe zu der schöne Bürgersfrau, obwohl er damals in die hübsche Limeuil, eine Hofdame der Königinmutter und mit ihm über das Haus La Tour de Turenne verwandt, bis über beide Ohren verliebt war, und er fragte, weshalb eigentlich der wackere Judas gefangengesetzt worden sei. Da antwortete ihm der Kardinal von Lothringen, er habe keineswegs die Absicht, dem Rechtsverdreher ein Leid zu tun, doch wolle er ihn, aus Furcht, es könnte ihn gereuen, oder vielmehr um ganz sicher zu gehen, daß er auch bestimmt reinen Mund halten werde, bis zum Schluß des Anschlags verschwinden lassen und werde ihn schon wieder freigeben, sobald er die Zeit für gekommen halte.

»Ihn freigeben?« rief unwillig der Luccese. »Wo denkt Ihr hin?! Stopft ihn lieber in einen Sack und schmeißt den Schwarzrock in die Loire! Erstens einmal kenne ich ihn. Er wird Euch nie verzeihen, daß Ihr ihn habt in den Kerker werfen lassen, und wird wieder zu seinen Reformierten übergehen. Es ist also ein gottgefälliges Werk, denn Ihr säubert die Welt von einem Ketzer. Zweitens aber wird kein Mensch Eure heimlichen Pläne erfahren, und keinem von seinen Anhängern wird es einfallen, Euch zu fragen, was aus ihm geworden sei, weil er nämlich ein Verräter an ihrer guten Sache ist. Laßt mich dafür sorgen, daß seine Frau heil davonkommt, das übrige will ich schon ins reine bringen. Ich will ihn Euch säuberlich vom Halse schaffen.«

»Hahaha!« lachte der Kardinal, »Ihr seid ein trefflicher Ratgeber. Ehe ich mir aber Euern Rat eingehend überlege, will ich sie alle beide in noch sicherern Gewahrsam setzen lassen. Holla!« Auf seinen Ruf trat ein Kerkerwärter herein; er bekam strengen Befehl, niemanden, es sei, wer wolle, mit den beiden Gefangenen in Verbindung treten zu lassen. Dann bat der Kardinal den Signor Sardini, im Gasthof auszurichten, der Advokat sei aus Blois abgereist und wegen verschiedener Prozesse nach Paris zurückgekehrt.

Die Leute, die Auftrag hatten, den Advokaten festzunehmen, hatten den ausdrücklichen Befehl erhalten, ihn als einen Gefangenen von Bedeutung und Wichtigkeit zu behandeln. Darum hatten sie ihn weder lange durchsucht noch ihm Kleider und Geld abgenommen. So kam es, daß der Advokat noch dreißig Goldtaler in seiner Geldbörse besaß, und er beschloß, alles daranzusetzen, um seine Rache zu stillen. Er bewies also mit stichhaltigen und triftigen Argumenten, daß es ihm von Rechts wegen erlaubt sein müsse, seine Frau zu sehen, nach der ihn sehnsüchtig verlange, und seine ehelichen Rechte auszuüben. Signor Sardini, der für seine Geliebte die Nähe dieses rothaarigen

Paragraphenreiters fürchtete und in großer Angst lebte, er könne ihr ein Leid antun, beschloß, sie nächtlicherweile zu entführen und an einen sichern Ort zu bringen. So dingte er etliche Schiffer mitsamt ihrem Kahn, hieß sie sich unweit der Brücke verstecken und gab dreien seiner behendesten Diener Befehl, die Gitter des Kämmerchens durchzufeilen, sich dann der Frau zu bemächtigen und sie zur Gartenmauer zu führen, wo er sie erwarten werde.

Als diese Vorkehrungen getroffen und gute Feilen gekauft worden waren, erwirkte er schon am frühen Morgen eine Audienz bei der Königinmutter, deren Gemächer gerade über den Verliesen lagen, worin der Advokat und sein Weib schmachteten. Er hoffte zuversichtlich, die Königin werde ihm bei dieser Entführung behilflich sein.

Er wurde auch wirklich von ihr empfangen und bat sie, ihm nicht zu verübeln, wenn er ohne Wissen des Kardinals und des Herrn von Guise diese Dame aus dem Kerker befreie. Dann beschwor er auch sie aufs eindringlichste, sie müsse dem Kardinal von Lothringen befehlen, den Mann ins Wasser zu werfen. Dazu sagte die Königin ja und amen. Daraufhin sandte der Italiener schleunig seiner Geliebten ein Briefchen, das in einer Schüssel Gurken versteckt war, und kündigte ihr ihre bevorstehende Witwenschaft und die Stunde der Flucht an, worüber sie höchst befriedigt war, die schöne Frau Advokatin. So wurden denn die Wachsoldaten durch einen Befehl der Königin – sie hieß sie einen Mondstrahl bewachen, weil er ihr angst mache – abseits beordert, und in der morgendlichen Dämmerung hoben die Diener, wie ihnen befohlen war, in

Jean-Honoré Fragonard, *La chemise élevée,* um 1765/70
Foto: AKG, Berlin/Erich Lessing

größter Eile die Gitter heraus und riefen die Advokatin ans Fenster. Sie kam eilends herbei und ward dem Signor Sardini zugeführt, der draußen bei der Gartenmauer wartete.

Doch kaum hatte sich das Pförtchen hinter dem Italiener und seiner Buhle geschlossen, kaum stand er mit ihr draußen im Freien, da warf die Frau ihren Umhang ab, und siehe: die schöne Frau verwandelte sich unvermittelt in einen garstigen Advokaten. Dieser Advokat packte mit einemmal den Räuber seiner Ehre an der Gurgel, krallte sich fest und würgte ihn und zerrte ihn zum Wasser hinab, um ihn in die Loire zu stoßen und darin zu ersäufen. Sardini setzte sich zur Wehr schrie um Hilfe, rang mit dem Rasenden, konnte sich jedoch trotz seinem Stilett nicht von diesem talartragenden Höllenteufel frei machen. Dann wurde er plötzlich still. Er war zu Füßen des Advokaten in ein tiefes Morastloch gestürzt. Er gewahrte noch während dieses verzweifelten Ringens das Angesicht seines Mörders, und im Mondschein sah er, daß es über und über mit dem Blute seiner gemordeten Frau verschmiert war. Der wutschäumende Advokat ließ nun den Italiener fahren, da er ihn tot wähnte und weil auch eine Schar Diener mit Fackeln zu Hilfe gelaufen kam. Doch hatte er noch Zeit genug, in den Kahn zu springen und eilends von dannen zu rudern.

So kam es, daß allein die arme Advokatin Avenelles das Leben lassen mußte; denn der Signor Sardini war nicht zu Tode gewürgt worden. Er wurde noch lebend gefunden und erholte sich wieder von dem Mordanschlag. Später heiratete er, wie alle Welt weiß, die schöne Limeuil, nachdem das hübsche Hoffräulein in den Gemächern der Königin einem Kind das Leben geschenkt hatte. Diese arge Missetat wollte die Königinmutter aus Freundschaft geheimhalten, und Sardini bemäntelte die Sünde aus großer Liebe durch seine Heirat. Katharina schenkte ihm zum Dank dafür die schönen Ländereien zu Chaumont an der Loire und dazu noch das Schloß. Doch war er immerhin vom Gatten seiner Geliebten so arg gewürgt, so rasend mißhandelt, so übel mit Fußtritten und Faustschlägen traktiert worden, daß er nicht mehr lange lebte und die schöne Limeuil im Lenz ihres Lebens Witwe wurde.

Der Advokat wurde trotz seiner jähzornigen Rachetat nicht verfolgt. Ganz im Gegenteil, er war gerissen genug, fertigzubringen, daß er im letzten Befriedungsedikt unter diejenigen gezählt wurde, die nicht länger belästigt werden durften. Auch war er wiederum zu den Hugenotten übergelaufen, denen er später in Deutschland namhafte Dienste erwies.

Arme schöne Advokatin! Betet für ihr Seelenheil. Ihr Leib wurde irgendwo verscharrt, kein Mensch weiß wo. Kein Kirchengebet, kein christliches Begräbnis wurde ihr vergönnt. Ach, gedenkt ihrer, all ihr edeln Frauen, wenn ihr Glück in der Liebe habt!

DIE REUMÜTIGE BERTHA

I

Wie Bertha im Ehestand jungfräulich blieb

Ungefähr um die Zeit der ersten Flucht unseres gnädigen Herrn Dauphin, des Kronprinzen, die unserem guten König Karl dem Siegreichen viel Ärgernis und Verdruß brachte, ereignete sich in einem edlen Haus der Touraine, das seither gänzlich erloschen ist, ein betrüblicher Vorfall. Weil aber von den Betroffenen eben niemand mehr am Leben ist, kann diese jammervolle Geschichte hier ans Licht gebracht werden. Mögen dem Autor bei dieser Arbeit alle heiligen Glaubenszeugen, Märtyrer und andern himmlischen Heerscharen beistehen, die auf das Gebot des Allerhöchsten in dieser Begebenheit dem Guten zum Siege verhalfen. –

Das Wesen Herrn Imberts von Bastarnay, eines der mächtigsten Grundbesitzer unseres Touraner Landes, war so verschroben und tückisch, daß er keinerlei Vertrauen zu der Sinnesart der Weiber hatte und sie für allzu wetterwendisch, unbeständig und flatterhaft ansah, welche Untugenden er ihrem leidigen Hang zur Abwechslung und zu Circumbilivaginationen zuschrieb. Und vielleicht hatte er darin gar nicht so unrecht. So kam es, daß er in seiner Schwarzseherei als Hagestolz ein hohes Alter erreichte, was ihm aber mitnichten zu seinem Vorteil ausschlug. Da er nun immer allein und für sich lebte, verstand es dieser Mann in keiner Weise, sich andern gegenüber freundlich und gesittet aufzuführen, denn er hatte sich sein Leben lang immer nur auf Kriegsfahrten herumgetrieben und mit lauter ungehobelten und rohen Gesellen verkehrt, bei denen er sich keinen Zwang anzutun brauchte. So stak er ungewaschen und dreckig in seinen Hosen, lief verschwitzt in seinem Harnisch herum, hatte immer schmutzstarrende kohlschwarze Hände, und sein Gesicht war haarig wie die Schnauze eines Affen. Kurzum: Er sah aus wie der häßlichste Mann der ganzen Christenheit, was seine äußere Erscheinung betraf, während er, was Herz, Kopf und andere, verborgene Dinge anlangte, treffliche Eigenschaften besaß, die ihn als Mann und Mensch durchaus annehmbar machten. Ein Abgesandter Gottes, das dürft ihr glauben, hätte weit herumwandern können, ehe er einem standhafteren Streiter begegnet wäre, einem Ritter, dessen Ehre makelloser und dessen Schild unbefleckter gewesen wäre, einem Mann, der weniger Worte gemacht und das einmal gegebene Wort gewissenhafter und ehrlicher gehalten hätte.

Manche, die ihn kannten und mit ihm gesprochen hatten, rühmten ihn als einen verständigen Ehrenmann, dessen Reden klug und wohlabgewogen, dessen Rat und Zuspruch jederzeit vernünftig und förderlich waren. Sieht es nicht beinah aus, als hätte es Gott mit Absicht so eingerichtet und seinen Spott mit uns getrieben, als er diesen Ausbund an Vollkommenheit in eine so zusammengestümperte Hülle steckte?

Der Ritter, der in jeglicher Hinsicht aussah wie ein sechzigjähriger Mann, obwohl er erst fünfzig Jahre alt war, entschloß sich eines Tages, sich eine Ehefrau aufzuhalsen, um von ihr Nachkommenschaft zu bekommen. Er hielt also Umschau im Lande, wo er etwa einen Model finden könnte, der ihm zupaß käme, und da hörte er viel Rühmens von der überirdischen Schönheit, der makellosen Anmut und erlesenen Liebenswürdigkeit einer Tochter aus dem berühmten Hause der Rohan, die damals große Lehen in unserer Provinz besaßen. Dieses edle Fräulein hieß Bertha mit Vornamen. Imbert, der, eigens um sie zu sehen, die Reise auf das Schloß Montbazon unternahm, war von ihrer Anmut und kindlichen Unschuld so betroffen und verliebte sich so bis über beide Ohren in das reizende Mädchen, daß für ihn sofort feststand, er müsse, koste es, was es wolle, sich ihres süßen Leibes erfreuen. Er entschloß sich also auf der Stelle, sie zur Frau zu nehmen; denn er war überzeugt, daß sich eine Jungfrau von so erlauchter Abkunft nie und nimmermehr wider ihre ehelichen Pflichten vergehen werde. Dieser Ehebund ward denn auch sogleich geschlossen, weil nämlich der edle Herr von Rohan sieben Töchter sein eigen nannte und nicht wußte, wie er sie alle an den Mann bringen sollte in diesen schweren Zeitläuften, wo sich jeder von den Kriegswirren erholen und seine zerrütteten Angelegenheiten wieder in Ordnung bringen mußte.

Wie vorauszusehen war, fand der Herr von Bastarnay in der Hochzeitsnacht sein junges Weib jungfräulich und unberührt, was bewies, daß ihre Mutter sie weislich erzogen und vernünftig in Zucht gehalten hatte. Und gleich in der ersten Nacht, als er sie nach Herzenslust umarmen durfte, zeugte er ihr ohne viel

Umstände ein Kind, wofür er schon zwei Monate nach der Hochzeit den untrüglichen Beweis besaß, und darüber war Herr Imbert so glücklich wie noch nie in seinem Leben. Um diesen ersten Teil unserer Geschichte gleich hier vorwegzunehmen, sei vermerkt, daß aus diesem legitimen Samen der Junker von Bastarnay hervorging, der von dem König Ludwig dem Elften zum Herzog ernannt und zu seinem Kämmerling gemacht wurde und späterhin auch als sein Gesandter an etlichen europäischen Höfen weilte. Er wurde von diesem vielbeschrienen Herrscher sehr geschätzt und war bei ihm hoch angesehen, hielt aber auch durch dick und dünn zu ihm, ohne ihn jemals zu hintergehen. Diese unbeirrbare Treue hatte er von seinem Vater ererbt, der sich schon sehr früh dem gnädigen Herrn Dauphin mit Haut und Haar verschrieben hatte. Auch teilte er alle seine Schicksalsfügungen mit ihm, in guten wie in bösen Zeiten, ja er bot ihm sogar die Hand zu seinen aufrührerischen Anschlägen, denn seine Freundschaft ging so weit, daß er selbst den Heiland ein zweites Mal ans Kreuz geschlagen hätte, wenn man es von ihm verlangt hätte. Solche Freundschaft auf Gedeih und Verderb ist eine seltene Blüte in der Umgebung der Fürsten und Großen dieser Erde.

In der ersten Zeit ihrer Ehe betrug sich die liebreiche Frau von Bastarnay so ehrsam und züchtig, daß vor ihrer beglückenden Gegenwart alle düsteren Anwandlungen, üblen Gedanken und schwarzen Wolken zerstoben, die im Gemüt des Ritters den lichten Strahlenglanz alles Weiblichen überschatteten. Und wie es oftmals bei übermäßig argwöhnischen und kleingläubigen Menschen der Fall ist, schlug sein übertriebenes

Mißtrauen alsbald in so blindes und schrankenloses Vertrauen um, daß er Bertha im Hause schalten und walten ließ, wie es ihr behagte. Er machte sie zur Herrin über sein Tun und Lassen, überließ ihr die Entscheidung in allen Geschäften und Anordnungen, die es zu treffen galt, setzte sie zur Königin seiner Ehre ein, zur Hüterin seiner weißen Haare, und er hätte jeden ohne viel Federlesens niedergemacht, der es sich hätte beifallen lassen, über diesen fleckenlosen Spiegel aller Tugenden auch nur das leiseste argwöhnische Wörtchen zu äußern. Er war überzeugt, kein Hauch habe je diesen Spiegel getrübt außer dem Hauch, der den Lippen des Ehemanns und Hausherrn entströmte, sie mochten nun frisch oder welk sein.

Doch wollen wir der Wahrheit die Ehre geben und müssen darum sagen, daß an diesem ehrbaren und tüchtigen Wandel zu einem guten Teil das artige Bübchen schuld war, mit dem sich sechs Jahre lang die hübsche Mutter Tag und Nacht abgab. Ihre erste Sorge ließ sie ihm angedeihen, als sie ihn mit ihrer Milch nährte, und es ersetzte ihr vollauf einen Liebhaber, wenn sie ihm ihre entzückenden Brüste gab und ihn herzhaft hineinbeißen ließ, soviel er wollte, und immer war ihr dabei, als sei er ihr Liebster. Die zärtliche Mutter kannte keine andern Liebkosungen als die täppischen Küsse seiner rosigen Lippen, kein anderes Streicheln als das seiner winzigen Patschhändchen, die wie Pfötchen lustig trippelnder Mäuschen über ihren Leib hinhuschten, sie las in keinem andern Buch als in seinen strahlenden klaren Augen, in denen sich der blaue Himmel spiegelte, sie hörte keine andere Musik als sein Plappern und Schreien, das ihrem Ohr wie Engelsmusik klang. Auch könnt ihr euch wohl vorstellen, daß sie den Kleinen immerzu herzte und an sich drückte, daß es sie schon am frühen Morgen gelüstete, ihn zu küssen, daß sie ihn spät abends noch küßte und sogar, heißt es, mitten in der Nacht zuweilen aufstand, um ihn vor Zärtlichkeit und Liebe fast aufzufressen. Sie wurde selber zum kleinen Kind und erzog ihn, so gut es in ihren Kräften als Mutter stand. Und sie war auch die allerbeste und glücklichste Mutter auf der ganzen weiten Welt, ohne daß wir der jungfräulichen Gottesmutter Maria zu nahe treten möchten, denn sie mußte sich gewiß nicht sonderlich abplagen, unsern Heiland zu einem rechtschaffenen Mann zu erziehen, war er doch Gottes Sohn.

Diese angelegentliche Beschäftigung mit ihrem Kind, die Mühe und Sorgfalt, die sie seiner Erziehung widmete, und auch der geringe Geschmack, den sie den ehelichen Pflichten und Freuden abgewann, erfreuten den ehrenwerten Mann über die Maßen, zumal er im Bett kein großer Held und Haudegen war und nur schwer größeren Ansprüchen hätte genügen können; auch ging er mit seinen Kräften recht haushälterisch um und sparte sie, um das Zeug für ein zweites Kind aufzubringen.

Als nun die sechs Jahre verstrichen waren, mußte die Mutter notgedrungen ihr Söhnlein in die Obhut der Stallmeister, Knappen und anderer Leute geben, denn der Herr von Bastarnay hatte ihnen die Aufgabe übertragen, ihn recht rauh anzufassen und ja nicht zu verzärteln, auf daß sein Erbe dereinst alle die angestammten Tugenden, Vorzüge, adligen Eigenschaften, den Mut und die Furchtlosigkeit seines Hauses zusammen mit den Gütern und seinem Namen erbe. Darüber weinte Bertha bitterlich, weil ihr damit ihr ein und alles, ihr ganzes Glück genommen wurde. Und wahrlich, für ihr Mutterherz war es gar nichts, wenn sie ihren heißgeliebten Sohn erst zuletzt nach allen andern und nur während einiger weniger flüchtiger Stunden bei sich haben durfte. So fiel sie in düstere Trübsal und Schwermut. Als der Ritter sie so bitterlich weinen hörte, strengte er sich nach Kräften an, ihr ein zweites Kind zu verschaffen, doch brachte er's nicht mehr zustande. Darüber grämte sich die edle Frau schwer, weil ihr, wie sie sagte, die Machart eines Kindes höchst zuwider war und sie größte Überwindung kostete. Und darin sprach sie die lautere Wahrheit, oder keine Lehre ist wahr, und man müßte auch die heiligen Evangelien als verlogne Bücher verbrennen, wenn ihr diesem in aller Einfalt geäußerten Ausspruch nicht Glauben schenken wollt. Dessenungeachtet könnte dies bei manchen Frauen – die Männer lasse ich aus dem Spiel, denn sie kennen sich da aus – den Eindruck erwecken, als hätte ich ihnen Lügen aufgetischt. Darum hat der Verfasser Sorge getragen, die heimlichen Gründe und Ursachen dieser absonderlichen Abneigung darzulegen – ich meine damit den Widerwillen, den Bertha gegen all das empfand, was sonst den edlen Frauen über alles geht –, ohne daß diese witwenhafte Enthaltsamkeit von allen Freuden und Seligkeiten der Ehe ihr Antlitz gealtert oder den Frieden ihrer Seele und dem Gleichmut ihres Herzens Abbruch getan hätte. Seid ihr jemals einem umgänglicheren, einem gefälligeren und entgegenkommenderen Schriftsteller begegnet? Habt ihr je einen getroffen, der so wie ich den

Frauen von ganzem Herzen ergeben gewesen wäre? Nein, sicherlich nicht. Fürwahr, ich habe sie innig lieb, obzwar immer noch nicht so, wie ich's gerne möchte, weil ich öfter den Kiel meiner Gänsefeder in Händen halte als den Federbart, mit dem man ihnen die Lippen kitzelt, um sie lachen zu machen und mit ihnen allerlei Schabernack und übermütigen Unfug zu treiben – in aller Unschuld natürlich und bloß mit den Lippen. Hier vernehmt nun, woran es lag: Der biderbe Herr von Bastarnay war nämlich kein verzärtelter Weichling, kein verbuhlter Weiberheld und verstand sich kein bißchen auf die Leckereien, mutwilligen Späßchen und feinschmeckerischen Genüsse der Sache. Ihn kümmerte es wenig, auf welche besondere Art ein Kriegsknecht umgebracht wurde, wenn er nur tot hingestreckt dalag, und er hätte am liebsten seinen Kerl steif gemacht, ohne ein Wort zu verlieren, im Kampf, wohlverstanden. Diese völlige Unbekümmertheit hinsichtlich des Totmachens paßte so recht zu seiner Rücksichtslosigkeit beim Lebendigmachen, das heißt beim Zeugen und der ganzen Art, ein Kind in dem allbekannten, allerliebsten Backofen einzuschießen und zu backen. Ihr wißt schon, was ich meine… Der wackere Haudegen hatte keine blasse Ahnung von den tausenderlei unterhaltsamen und hochwichtigen Verrichtungen, die dabei üblich sind, von allen den hinauszögernden Vorkehrungen, den vorbereitenden Handreichungen, mundwässernden und anreizenden Hantierungen; er wußte nichts von den Reisigbündeln, mit denen man den Ofen anheizt, dem dicken Knüppelholz, das wie Balsam duftet und Ast um Ast in den Waldungen der Liebe aufgelesen worden ist, dem

Necken und Schäkern, dem Geplauder, Tändeln, Hätscheln und Kosen, dem Geschleck, das zu zweit so köstlich schmeckt, dem genäschigen Nippen am Rande der Schüssel, wie es die Katzen im Schwange haben, und noch andere Beigaben und Würzen der Liebe, um die alle Lüstlinge recht wohl wissen, die verliebte Leute so gern immer aufs neue auskosten und die alle Frauen mehr als ihr ewiges Seelenheil lieben, weil sie nämlich darin eher genäschige Kätzchen sind als Frauen. Das geht klipp und klar aus ihrem ganzen weiblichen Gehabe und Betragen hervor. Wollt ihr Näheres darüber wissen? Ei, so schaut ihnen doch einmal beim Essen zu! Keine einzige von ihnen – ich spreche natürlich nur von den edlen, wohlerzogenen Frauen –, keine einzige von ihnen wird einfach mit ihrem Messer in die Schüssel langen, ein Stück Fleisch aufspießen und es kurzerhand hinunterschlingen, wie es die ungehobelten Mannsbilder tun; sie wird vielmehr genüßlich in den Speisen herumstochern, wird wählerisch daran nippen, wird die Bissen, die ihr munden, heraussuchen, wie man etwa Kichererbsen auf einem Laden sortiert, sie wird die Tunken und Brühen mit Wonne und Behagen einschlürfen und die happigen Brocken verschmähen, sie wird mit Messer und Löffel umgehen, als äße sie nur auf höhern Befehl. So sehr widerstrebt es ihnen, geradeswegs auf eine Sache loszugehn, wohingegen sie stets gerne Umwege einschlagen, Schliche anwenden und in allen Dingen wie die Katzen um den heißen Brei herumgehen und allerlei Schnickschnack treiben. Das liegt so in ihrem Wesen, und darum sind auch die Söhne Adams so närrisch auf sie versessen, weil sie nämlich alle Dinge so

Jean-Honoré Fragonard, *Der Traum des Bettlers*, um 1773
Foto: AKG, Berlin/Erich Lessing

ganz anders anpacken als die Mannsleute, und zwar gut anpacken. Stimmt's etwa nicht? Ja? Da seht ihr! So hab ich euch gern.

Nun trampelte aber Imbert von Bastarnay, die alte Kriegsgurgel, der ungeleckte Bär, der keine blasse Ahnung hatte, was für zarte und zärtliche Rücksicht hier am Platze war, in das niedliche Venusgärtlein hinein, als gelte es, eine Stadt im Sturm zu nehmen, ohne auf das Wehgeschrei der weinenden Einwohner zu achten, und pflanzte sein Kind, wie man etwa mit einer Armbrust ins Schwarze trifft. Wennschon die liebliche Bertha nicht gewöhnt war, daß so roh und rücksichtslos mit ihr umgesprungen wurde, so glaubte doch das arglose Kind – sie war ja erst fünfzehn Jahre alt! – in ihrem jungfräulich treuherzigen Glauben, das Glück, Mutter zu werden, sei ohne diese schreckliche, abstoßende, widerliche und ekelhafte Verrichtung nicht möglich. Und so betete sie während dieses harten Fronwerks inbrünstig zu Gott um Hilfe und Beistand, sandte ein Ave-Maria ums andere zur Muttergottes empor und fand, jene habe es doch eigentlich viel leichter gehabt, weil sie nur ihr Himmelstäubchen habe über sich ergehen lassen müssen. Da sie nun also nichts als lauter Unbehagen und Mißvergnügen im ehelichen Beisammensein verspürt hatte, lag ihr auch gar nichts daran, ihren Gatten gelüstig zu machen, und da auch, wie oben vermeldet, der biderbe Ritter nicht sonderlich darauf erpicht war, lebte sie fortan ganz für sich und keusch wie ein Nönnchen im Kloster. Sie fühlte nichts als Abscheu und Grauen vor der Beiwohnung des Mannes und ahnte nicht, daß der Weltenschöpfer soviel Lust in diese Verrichtung gelegt hat, bei der sie nur arge Schmerzen gelitten hatte. Um so zärtlicher liebte sie ihr Söhnchen, das sie schon vor seiner Geburt soviel Schmerzen, Qual und Leid gekostet hatte. Wundert euch darum nicht, daß ihr das lustige Turnieren zuwider war, bei dem der Zelter allezeit der Stärkere bleibt und der Reitersmann den kürzeren zieht, der gegängelt und abgehetzt und erst noch ausgezankt wird, wenn er je stolpert.

Solche leidigen Vorkommnisse findet man wahrlich in so mancher Ehe, wie uns alte Männer und Frauen immer und immer wieder bestätigen, und sie tragen auch Schuld an den Seitensprüngen vieler Frauen, die eines Tages, wenn es freilich zu spät ist, zur Erkenntnis gelangen, daß sie zu kurz gekommen sind. Und nun möchten sie in einen Tag mehr Zeit hineinpressen, als er fassen kann, um doch noch auf ihre Rechnung zu kommen und ihr Dasein auszukosten. Das heiß ich mir philosophisch gedacht, liebe Freunde! Drum lest mit Fleiß diese Seite, merkt wohl auf, damit ihr klüglich über die Aufführung eurer Ehefrauen, eurer Liebchen und überhaupt aller Weiber wacht, die von ungefähr eurer Obhut anvertraut sein mögen, wovor euch Gott behüte!

So war denn Bertha, obzwar Mutter geworden, in ihrem einundzwanzigsten Lebensjahr in Wahrheit doch Jungfrau geblieben. Sie war des Schlosses Zier, ihres Gatten Augenweide und Trost und Ruhm und Ehre des ganzen umliegenden Landes. Der Ritter von Bastarnay kannte kein größeres Glück, als dieses liebliche Kind kommen und gehen zu sehen, frisch und geschmeidig wie eine Weidengerte, behend wie ein Fischlein im Wasser, unschuldig und arglos wie ihr

Söhnchen und doch verständig und gesetzten Sinnes, klug und besonnen, so daß der Ritter nie auch nur das geringste unternahm, ohne zuerst ihren Rat einzuholen. Denn wenn der Geist eines solchen Engels nicht in seiner Klarheit getrübt worden ist, gibt er einen reinen Klang, sooft man daran rührt.

Zu jener Zeit lebte Bertha unweit der Stadt Losches im Schloß ihres Herrn und Gemahls und kannte keine andere Ablenkung als ihre Haushaltsgeschäfte, wie es seinerzeit alle züchtigen Frauen hielten, bevor Frankreichs Damen durch die Königin Katharina und ihre Italiener, diese ewig vergnügungssüchtigen Festefeirer, von dieser guten Art abgebracht wurden. Dazu boten König Franz der Erste und seine Nachfolger nur allzu gerne die Hand, und ihre üppigen Feste und Lustbarkeiten trugen ebensoviel zum Niedergang Frankreichs bei wie die Umtriebe und Missetaten der Reformierten. Doch das gehört nicht hierher.

Um diese Zeit wurden der Herr von Bastarnay und seine Gemahlin vom König eingeladen, in seine Stadt Losches zu kommen, wo er sich dazumal mit seinem ganzen Hofstaat aufhielt; denn die Schönheit der edeln Frau von Bastarnay machte bei Hofe viel von sich reden. Also erschien Frau Bertha in Losches am Königshof, bekam vom König viel Schmeichelhaftes und Artiges zu hören, stand im Mittelpunkt der Huldigungen aller jungen Edelleute, die ihre Augen an diesem Liebesapfel weideten, und auch der alten Mummelgreise, die sich an dieser Sonne Blut und Knochen wärmten. Verlaßt euch aber drauf, daß alle, die Alten wie die Jungen, gerne tausendfach den Tod erlitten hätten, wenn sie dafür diesen wunderschönen, lustverheißenden Leib hätten genießen dürfen, der ihre Augen blendete und ihnen Sinn und Verstand verwirrte. In der ganzen Stadt Losches war bald von Bertha häufiger die Rede als von Gott im Evangelium, und darüber gerieten viele Damen am Hofe in helle Wut, weil sie nicht so überreich mit Reizen ausgestattet waren. Sie hätten ohne viel Umstände dem garstigsten Höfling zehn Nächte lang ihre Huld gewährt, wenn sie damit diese schöne Nebenbuhlerin, die ihnen alle Freuden und das Lächeln ihrer Anbeter wegschnappte, hätten auf ihr Schloß zurückzaubern können.

Eine junge Dame, die deutlich wahrnahm, daß sich einer ihrer Freunde bis über beide Ohren in die schöne Bertha verliebt hatte, faßte darüber solch maßlosen Groll, daß daraus alles künftige ungemach der Schloßherrin von Bastarnay entsprang. Doch nahm hier auch ihr seligstes Glück seinen Ursprung, und dank ihr entdeckte sie das Wunderland der Liebe, welches ihr bis auf diesen Tag unbekannt geblieben war. Diese böse Hexe hatte einen Verwandten, der ihr, kaum hatte er Bertha gesehen, gestand, er wäre bereit zu sterben, wenn er einen Monat lang sich ihrer erfreuen dürfte. Nun müßt ihr aber wissen, daß dieser Vetter ein bildschöner Jüngling war, anmutig wie ein Mägdlein. Kein Härlein sproßte auf seinem Kinn, und seine junge, helle Stimme war so wohlklingend, daß er auch bei seinem grimmigsten und erbittertsten Feinde Schonung gefunden hätte. Er war freilich auch kaum zwanzig Jahre alt.

»Lieber Vetter«, beschied seine Base ihn, »verlaßt den Saal und geht nach Hause. Ich will mir alle Mühe geben, Euch dieses Glück zu verschaffen. Doch nehmt

Euch in acht und zeigt Euch nicht vor ihr noch vor dem garstigen Pavian, den die Natur aus Versehen einem christlichen Stamm aufgepropft hat und dem diese zauberschöne Fee gehört.«

Kaum hatte sich der schöne Vetter versteckt, machte sich die Dame an Bertha heran, rieb ihr tückisches Mundwerk an ihr, nannte sie »Liebste Freundin, Schätzchen, Stern aller Schönheit«, suchte ihr auf jede nur erdenkliche Art schönzutun, um ihre Rache an der Ärmsten um so sicherer ins Werk setzen zu können, hatte doch diese, ohne es freilich zu ahnen, ihr den Geliebten abspenstig gemacht, und das ist für alle Frauen, die in der Liebe ehrgeizig sind, die schlimmste Untreue. Schon nach wenigen Worten, die diese arglistige Dame mit Bertha gewechselt hatte, konnte sie unschwer erkennen, daß die Ärmste ein gänzlich ahnungsloses Kind war und gar nicht wußte, was Liebe ist. Sie sah, wie in ihren Augen ein feuchter Schimmer glänzte, kein Fältchen verunzierte ihre Schläfen, auf ihrem schneeweißen Näschen war nicht das winzigste schwarze Pünktchen zu sehen, worin sich doch sonst die genossenen Freuden der Sinnenlust unverkennbar abzeichnen, kein Rünzelchen entstellte ihre makellose Stirn, kurzum, nichts war da wahrzunehmen, woraus man auf gewohnheitsmäßig genossene Liebeslust hätte schließen können, ihr Antlitz war rein und blank wie das einer unschuldigen Jungfrau. Da stellte ihr die ränkesüchtige Dame ein paar vertrauliche Fragen, wie sie Frauen untereinander wohl austauschen können, und Berthas Antworten gaben ihr die volle Gewißheit, daß sie zwar Mutterfreuden erlebt hatte, aber um die Freuden der Liebe betrogen worden war. Darüber freute sie sich sehr um ihres Vetters willen, als gutherzige Frau, die sie war!

Nun erzählte sie der arglosen Bertha, es wohne in der Stadt Losches ein junges Edelfräulein aus der Familie der Rohan, welcher Hilfe und Beistand einer ehrbaren Frau nottue, damit sie vom Herrn Ludwig von Rohan wieder in Gnaden aufgenommen werde. Und wenn Frau Bertha ebensoviel Güte in ihrem Herzen trage, wie Gott ihr Schönheit geschenkt habe, so stünde es ihr wohl an, die Unglückliche in ihrem Schloß aufzunehmen, sich von ihrem frommen und züchtigen Lebenswandel zu überzeugen und die Aussöhnung mit dem Herrn von Rohan zu betreiben, der sich beharrlich weigere, sie zu sich in sein Schloß zu nehmen.

Ohne zu zögern, erklärte sich Bertha dazu bereit; denn sie wußte um die mißliche Lage des unglücklichen Edelfräuleins. Hingegen hatte sie das Mägdlein, Sylvia mit Namen, selbst noch nie gesehen und glaubte, sie lebe im Ausland.

Hier ist es am Platze, zu erklären, warum der allergnädigste Herr König dem Ritter von Bastarnay die hohe Ehre erwiesen hatte, ihn zu sich aufs Schloß zu entbieten. Der Herrscher hatte nämlich bereits Wind bekommen von der geplanten ersten Flucht des Thronfolgers nach Burgund und wollte ihn darum eines so guten Ratgebers berauben, wie es der Ritter von Bastarnay war. Doch hatte sich der alte Herr schon längst im stillen dafür entschieden, daß er dem jungen Dauphin Ludwig die Treue halten wolle, und er hatte auch insgeheim schon alles dafür vorbereitet. Er geleitete also Bertha in sein Schloß zurück und mit ihr auch ihre neugefundene Gefährtin, die sie ihm zugeführt hatte. Die war aber niemand anders als der obenerwähnte Junker, der sich mit Hilfe seiner Base als Mägdlein verkleidet hatte. In ihrer Eifersucht hoffte sie Bertha, aus rasender Wut über ihre Tugend, zur Hurerei zu verleiten.

Imbert wollte erst nicht so recht seine Zustimmung geben, als er erfuhr, daß Sylvia von Rohan die vermeintliche Jungfrau sei. Doch dann ließ er sich von Berthas Güte rühren und dankte ihr sogar dafür, daß sie sich ins Mittel lege, um ein verirrtes Schäflein in seinen Stall zurückzuführen. In dieser letzten Nacht bereitete er seinem guten Weib ein Abschiedsfest, so gut er's vermochte, ließ einen Trupp Reisiger im Schloß zurück und ritt dann mit dem Dauphin von dannen ins Burgundische, ahnte auch nicht im geringsten, welch erbarmungslosen Feind er zu Hause bei seiner Gattin zurückgelassen hatte.

Das Gesicht des verkleideten Jünglings war ihm unbekannt, weil der ein junger Page war, der jüngsthin erst an den Hof gekommen war, um sich dort ein wenig umzusehen, und jetzt beim Herrn von Dunois als Edelknappe diente, der ihn auch unterwies und auferzog. Der Ritter Imbert war des Glaubens gewesen, er sei wirklich ein junges Mädchen, und hatte es ausnehmend fromm und schüchtern gefunden, weil nämlich der Jüngling, aus Furcht, seine beredten Augen könnten ihn verraten, sie beständig niedergeschlagen hielt. Als er dann Berthas Kuß auf seinem Munde spürte, zitterte er vor Angst, sein Rock könnte sein Geheimnis ans Licht bringen. Er trat geschwind beiseite und drückte sich in den Fensternischen herum, so groß war seine Furcht, Bastarnay könnte ihn als Mann

François Boucher, *Schäferszene*
Foto: AKG, Berlin/Erich Lessing

erkennen und totschlagen, ehe er noch sein Liebchen genossen hätte. Drum war er auch von Herzen froh, wie es jeder Verliebte an seiner Stelle gewesen wäre, als das Fallgitter endlich herabgelassen war und der alte Ritter ins freie Land hinausritt. Er hatte solche Todesängste ausgestanden, daß er das Gelübde tat, er wolle auf seine Kosten einen Pfeiler in der Kathedrale zu Tours errichten lassen zum Dank dafür, daß er dieser Gefahr entronnen war, in die ihn sein tollkühnes Unterfangen gebracht hatte. Und wirklich stiftete er auch fünfzig Mark Silber, um Gott seine Freude in klingender Münze zu bezeugen. Doch von ungefähr bezahlte er zugleich dem Teufel den Sündenlohn, wie aus den nachstehenden Begebnissen hervorgeht, wofern euch diese Geschichte so zusagt, daß ihr darin weiterlest. Sie soll jedenfalls so knapp erzählt werden, wie es jeder guten Geschichte ansteht.

II

Wie Bertha sich verging, als sie erfuhr, was Liebe ist

Besagter Junker war der junge Herr Johann von Sacché, ein Vetter des edlen Herrn von Montmorency, an den späterhin, nach dem Tode des genannten Johann, die Lehen von Sacché und andere Gebiete, der Lehensfolge entsprechend, zurückfielen. Er war zwanzig Jahre alt und hitzig wie Kohlenglut. Ihr könnt euch drum denken, daß er es fast nicht erwarten konnte, bis dieser erste Tag verstrichen war.

Als dann der alte Imbert über Land geritten war, setzten sich die beiden Bäschen oben auf den Söller über dem Burgtor, um ihm so lange wie möglich nachzuschauen, und winkten ihm Lebewohl, solange er noch zu sehen war. Als dann die Staubwolke, welche die Rosse aufwirbelten, am Horizont verschwand, stiegen sie wieder hinab und zogen sich in den Saal zurück.

»Was wollen wir anfangen, liebste Base?« fragte Bertha die falsche Sylvia. »Habt Ihr Musik gern? Dann wollen wir ein Weilchen miteinander musizieren. Kommt, wir singen ein Minnelied von einem alten Spielmann. Sagt, steht Euch der Sinn danach? Kommt mit zu meiner Orgel, kommt! Tut es mir zuliebe. Singen wir zusammen ein Lied.« Nun faßte sie Johann bei der Hand und zog ihn ans Manual der Orgel, wo sich der Jüngling züchtig nach Frauenart niederließ.

»Ach, schöne Base«, rief Bertha, als die ersten Noten erklangen und der Junker ihr das Haupt zuwandte, um in den Gesang einzustimmen, »ach, schöne Base, wie schaut Ihr mich so seltsam an? Ihr greift mir ans Herz, ich weiß nicht wie, und erregt mich so sonderbar.«

»Ach, Muhme«, erwiderte die hinterlistige falsche Sylvia, »auch mir haben diese Augen Unheil gebracht. Ein edler, liebenswerter Lord von jenseits des Meeres hat mir einmal gesagt, ich hätte schöne Augen, und dann hat er mich so betörend und leidenschaftlich darauf geküßt, daß ich ganz schwach geworden bin und mit ihm gesündigt habe, so große Lust genoß ich dabei, wenn ich sie von ihm küssen ließ.«

»Liebste Base, so nimmt die Liebe also ihren Weg durch die Augen?«

»In der Glut der Augen werden Cupidos Pfeile geschmiedet, meine teure Bertha«, versetzte der verliebte Jüngling und schoß ihr einen Blick zu, der Feuer und Flammen sprühte.

»Laßt uns singen, Muhme!«

So sangen sie denn, zu Johanns Freude, ein Minnelied der Christine von Pisan, in dem leidenschaftlich von Liebe die Rede war. »Ach, Mühmchen, welche Tiefe, welch voller Klang tönt in Eurer Stimme! Sie wühlt mein ganzes Inneres auf!«

»Wo spürt Ihr's denn?« fragte scheinheilig die verwünschte Sylvia.

»Da«, gab ihr Bertha zur Antwort und deutete auf ihr liebliches Zwerchfell, wo der Gleichklang der Liebe besser vernommen wird als mit den Ohren, weil nämlich das Zwerchfell näher beim Herzen liegt und auch näher bei dem – ihr wißt schon, was ich meine –, bei dem andern Ding, das zweifelsohne das erste Denkorgan, das zweite Herz und das dritte Ohr der Weiber ist. Das sage ich in allen Ehren und Züchten, einzig und allein aus physikalischen Gründen und aus gar keinen andern.

»Wir wollen lieber nicht mehr singen«, hauchte Bertha, »es erregt mich allzusehr. Kommt ans Fenster, wir wollen uns bis zur Vesper mit Handarbeiten die Zeit vertreiben.«

»Ach, vielliebes Bäschen, Herzensmühmchen, ich verstehe nicht mit der Nadel umzugehn, da ich bisher zu meinem Verderben gewöhnt war, meine Finger für andere Dinge zu gebrauchen.«

»Ei, was habt Ihr denn immer den lieben langen Tag getrieben?«

»Ach, ich ließ mich von der Liebe treiben, sie läßt uns die Tage dahineilen wie Augenblicke, die Monate vergehen wie Tage und die Jahre wie Monate. Und hätte sie ewige Dauer, so käme uns die Ewigkeit vor wie eine Erdbeere, die man mit einem Schluck verspeist, weil alles daran Frische und Duft, Süßigkeit und unendliche Wonne ist.«

Hierauf senkte der schlaue Bursche züchtig seine Lider über die betörend strahlenden Augen und verharrte in Schwermut versunken wie eine untröstliche Dame, die von ihrem Liebsten verlassen worden ist und nun um ihn weint, ihn halten und ihm alle seine Treulosigkeiten gerne verzeihen möchte, wenn er nur das Herz hätte, den süßen Pfad zu dem einstmals geliebten Schoß zu suchen.

»Sagt, Base, gedeiht die Liebe auch im Ehestand?«

»O nein!« widersprach Sylvia, »denn im Ehestand ist alles Pflicht und Zwang, in der Liebe aber tut man alles aus freiem Herzen. Dieser Unterschied verleiht – ich weiß nicht wie – den Liebkosungen, den Blüten der Triebe, einen wohltuend linden Balsam.«

»Muhme, lassen wir solche Reden lieber bleiben; sie erregen mich noch ärger als vorhin das Musizieren.«

Geschwind winkte sie einem Diener herbei und befahl ihm, ihr Söhnchen sofort hereinzuführen, und kaum war der Knabe gekommen, kaum hatte Sylvia ihn erblickt, so rief sie hell entzückt: »Ah! Er ist schön wie Amor!«

Dann gab sie ihm einen Kuß auf die Stirn.

»Komm, mein Herzenskind!« rief die Mutter, als sich der Kleine in ihren Schoß kuschelte. »Komm, du mein Glück, du Lust deiner Mutter, du meine ungetrübte Seligkeit, du Freude zu jeder Stunde, meine Krone, mein Kleinod, meine reine Perle, mein schuldloses Seelchen, mein Schatz, mein Licht am Morgen und am Abend, meine einzige Flamme, mein Herzchen du! Gib deine Händchen, daß ich sie aufessen, gib deine Öhrchen, daß ich hineinbeißen, gib dein Köpfchen, damit ich dein Haar küssen kann! Sei glücklich, mein Herzblatt, mein Blümchen, wenn ich's auch sein soll!«

»Ach, liebstes Bäschen«, rief Sylvia aus, »Ihr redet ja mit ihm in der Sprache der Liebe!«

»Ist Liebe denn Kindsein?«

»Freilich ja, Bäschen. Drum haben ja die Heiden den Liebesgott auch immer als Kind dargestellt.« Und unter tausend andern ähnlichen Gesprächen, in denen immer wieder von der Liebe die Rede war, fingen die beiden hübschen Muhmen an mit dem Kind zu spielen bis zum Nachtmahl.

»Hättet Ihr nicht noch gern ein zweites Kind?« fragte Johann in einem günstigen Augenblick. Er flüsterte es seinem Bäschen ganz leise ins linke Ohr und streifte es dabei mit seinen heißen Lippen.

»Ach, Sylvia, dafür würde ich mit tausend Freuden hundert Jahre lang die Qualen der Hölle erdulden, wenn es dem Allmächtigen gefiele, mir diese Seligkeit zu gewähren! Doch allem Bemühn, allen Anstrengungen und allem Placken zum Trotz, obschon sich mein Herr Gemahl die redlichste Mühe gibt und obschon ich all dies, so widerwärtig es mir auch ist, willig auf mich nehme, so weitet sich mein Gürtel trotzdem nicht. Ach, es ist, als hätte man nichts, wenn man nur ein einziges Kind hat. Wenn irgendwo im Schloß ein Schrei gellt, will mir das Herz stillestehn. Ich lebe in ständiger Angst vor Tieren und Menschen und fürchte, es könnte dem unschuldigen Liebling etwas zustoßen. Ich ängstige mich vor dem Reiten, dem Fechten, dem ganzen gefährlichen Waffenspiel, wie auch vor allem andern rohen Zeitvertreib der Männer. Ich lebe nicht mein eigenes Leben mehr, vielmehr nur noch in ihm. Und, ach, dieses Hangen und Bangen ist mir noch ein lieber Trost, denn solange ich mich ängstige, ist das ein Zeichen, daß mein Sorgenkind heil und wohlauf ist. Nur für sein Wohlergehn bete ich zu den Heiligen und Aposteln Gottes. Ich könnte noch bis morgen darüber weiterreden, doch ich will's hierbei bewenden lassen. Nur eins: Ich glaube, meine Seele lebt in ihm, nicht in mir.«

Als sie das sagte, drückte sie ihr Söhnchen an ihre Brust, wie nur eine Mutter ihr Kind an sich zu drücken versteht, mit einer behutsamen, fürsorglichen Kraft, die außer einem Mutterherzen kein ander Ding beseelt. Und solltet ihr daran zweifeln, so schaut doch nur einer Katze zu, wie sie ihre Jungen im Maul herumträgt – dann werdet ihr mir recht geben.

Der Jüngling, dem angst und bange gewesen war, er tue unrecht, wenn er diese liebliche, brachliegende Wiese mit dem Wasser der Lust beriesele, fühlte sich durch diese Worte nicht wenig in seinem Vorsatz bestärkt. Ihm wollte mit einmal scheinen, es heiße recht eigentlich Gottes Gebote befolgen, wenn er diese darbende Seele der Liebe aufschließe. Und darin hatte er gar nicht unrecht.

Am Abend, als es dunkelte, lud Bertha nach altem Brauch und Herkommen, von welchem heutigentags die Frauen freilich abgekommen sind, ihre Base ein, mit ihr in ihrem breiten Ehebett zu schlafen. Die falsche Sylvia erwiderte, es werde ihr eine große Freude und Ehre sein; denn sie wollte um keinen Preis aus ihrer Rolle fallen und auch weiterhin das hochwohlgeborne Fräulein spielen. Als nun die Feierabendglocke geläutet hatte und alle Feuer gelöscht waren, zogen sich die beiden Basen in ihre mit prachtvollen Teppichen, Wandbehängen, Kissen und Tüchern reich ausgestattete Kemenate zurück, und Bertha fing an, sich mit Hilfe ihrer Zofen auszukleiden. Die falsche Muhme aber zierte sich schamhaft, wie ihr euch wohl denken könnt, und wollte sich um keinen Preis der Welt anrühren lassen, tat, als schäme sie sich halb zu Tode, und erklärte ihrer Base, sie sei es gewohnt, sich selber auszukleiden, seit ihr Liebster ihr nicht mehr dabei behilflich sei; denn er habe ihr den Geschmack an weiblichen Handreichungen verleidet mit seinen sanften und liebkosenden Manieren. Alle diese Zurüstungen riefen ihr die süßen, wonnesamen Worte wieder in Erinnerung, die ihr Herzallerliebster ihr dabei immer ins Ohr geflüstert, und die Narreteien und verliebten Tollheiten, die er begangen habe, wenn er sie nackt ausgezogen habe. Diese Erinnerung mache ihr jetzt noch den Mund wässerig und sei ihrer Ruhe höchst abträglich.

Über solche Reden war Frau Bertha baß verwundert, doch ließ sie ihre Base hinter den Bettvorhängen ihre Gebete und sonstigen Anstalten für die Nacht verrichten, und dann kroch der Junker, entflammt von heißem Verlangen, geschwind unter die Decken, überselig, weil er im Vorüberhuschen die wundersamen Reize der Schloßherrin erspähen und ein Auge voll von ihrem makellosen und blütenweißen Leibe nehmen konnte. Bertha war des Glaubens, sie sei mit einer Maid zusammen, die bereits mit einem Manne zu tun gehabt hatte, und so unterließ sie keine ihrer gewohnten allabendlichen Verrichtungen: Sie wusch sich die Füße, ohne sich darum zu kümmern, ob sie sie höher als eben recht hob, sie zeigte ihre holdreizenden Schultern und machte hierauf, was alle Damen machen, ehe sie schlafen gehen. Schließlich schlüpfte sie ins Bett, dehnte und streckte sich darin wohlig aus und küßte auch ihr Bäschen auf die Lippen, die sie auffällig heiß dünkten.

»Fühlt Ihr Euch nicht wohl, Sylvia, daß Ihr so glüht?« fragte sie ganz erschrocken.

»Mir ist immer so heiß, wenn ich zu Bett gehe«, erwiderte sie, »denn da kommen mir all die wonnigen Zärtlichkeiten und Koseworte wieder in den Sinn, die er sich ausdachte, um meine Lust und mein Verlangen zu erwecken, und die mich nur immer mehr erhitzten.«

»Ach, Muhme, erzählt mir doch, was für eine Bewandtnis es mit *ihm* hat! Sagt mir, was Gutes an der Liebe ist. Ich lebe ja im Schatten eines weißhaarigen Hauptes, dessen schneeige Kälte mich gegen solche Gluthitzen schützt. Sagt es mir, da Ihr doch darüber hinweg und vorderhand geheilt seid. Das wird mir eine heilsame Unterweisung sein, und somit werden Eure übeln Erfahrungen zwei armen, bedauernswerten Frauen zugute gekommen sein.«

»Ich weiß nicht recht, ob ich Euch gehorchen soll, schönes Bäschen«, versetzte der Junker.

»Sagt, weshalb denn nicht?«

»Ach, besser wär's, all dies zu tun, statt bloß davon

zu reden!« gab Sylvia mit einem Seufzer, der wie ein tiefer Orgelton klang, zur Antwort. »Überdies fürchte ich, mein Lord bat mich so sehr mit Lust und Freude übersättigt, daß ich Euch ein gut Teil davon abgeben könnte; und es würde wohl ausreichen, Euch eine Tochter zu bescheren, weil das, was Kinder zeugt, in mir wirkungslos geworden sein dürfte.«

»Was Ihr nicht sagt!« staunte Bertha. »Wäre denn das zwischen uns eine Sünde?«

»Wo denkt Ihr hin! Im Gegenteil, es würde im Himmel wie auf Erden große Freude darüber sein. Die Engel würden Euch mit überirdischen Wohlgerüchen erfüllen und Euch himmlische Weisen musizieren.«

»Sagt es denn ungesäumt, Mühmchen!« bat Bertha.

»Wohlan denn, so machte es mein schöner Freund, wenn er mich in eitel Lust tauchen wollte.«

Und während er dies sagte, nahm Johannes Bertha in seine Arme und umhalste sie, drückte sie mit sehnsüchtigem Verlangen ohnegleichen an sich, lag sie doch beim Schein der Ampel in ihrem schneeweißen Nachtgewand in diesem verwünschten Bette wie die holden hochzeitlichen Gefäße der Lilien in ihrem jungfräulich weißen Blütenkelch.

»Wenn er mich dann so in seinen Armen hielt, wie ich jetzt Euch umfaßt halte, so sprach er zu mir mit einer Stimme, viel süßer als die meine: ›Ach, Sylvia, du bist mein ein und alles! Ich liebe dich, jetzt und in alle Ewigkeit. Du bist mir teurer als alle Schätze der Welt, du bist meine Freude, mein Glück Tag und Nacht! Du bist lichter als Sonnenschein und Tageslicht, lieblicher als alles hienieden. Ich habe dich lieber als Gott im Himmel, und ich möchte tausendfach sterben für die Seligkeit, die ich von dir heische.‹ Und dann küßte er mich, nicht so, wie Ehemänner küssen, nicht so roh und unzart, vielmehr sanft und behutsam, wie Täublein schnäbeln.«

Und zum Beweis, wieviel köstlicher die Liebhaber zu küssen verstünden, saugte er sogleich allen Honigseim von Berthas Lippen und lehrte sie, wie sie mit ihrem hübschen, kleinen, rosigen Zünglein, das flink und beweglich war gleich einem Katzenzünglein, beredt und ausdrucksvoll zum Herzen sprechen könne, ohne ein einzig Wort zu reden. Dann geriet Johann bei solchem Spiel immer mehr in Hitze und drückte seine feurigen Küsse nicht länger auf ihren Mund, sondern ging weiter zum Hals und vom Hals hinab zu den beiden holdesten Äpfelchen, die jemals eine Frau ihrem Kindchen zum Anbeißen geboten hat, damit es Milch daraus sauge. Und fürwahr, jeder, der an seinem Platz gewesen wäre und nicht ebenso getan hätte, der hätte sich für einen mißratenen Mann halten müssen.

»Ach«, seufzte Bertha, die bereits, ohne es zu ahnen, der Liebe verfallen war, »so ist's viel schöner! Das muß ich unbedingt meinem Imbert zeigen.«

»Seid Ihr von Sinnen, Base? Sagt Euerem alten Gemahl beileibe nichts davon, denn so lind und weich wie die meinen kann er seine Hände nicht machen, die rauh und hart sind wie Wäscheklöppel. Und sein grauer Stoppelbart muß sicherlich diesen Wohnsitz aller Lust und Wonne gar übel zerkratzen, diese Wunderrose, in der all unser Denken und Fühlen ruht, wo unser Glück, unser Reichtum, unsre Liebe und unsere ganze Seligkeit einbeschlossen sind. Wißt Ihr auch, daß diese Blume beseelt ist, daß sie zart umhegt und liebreich gepflegt sein will, nicht so ungestüm berannt, als gelte es, ein Katapult abzuschießen? Gebt nun wohl acht: Seht, so wonnesam wartete mir mein herzallerliebster Engländer auf.«

Und während er dies sagte, betrug sich der hübsche Junker so mannhaft, daß es zu einem wahren Schnellfeuer kam und die arme nichtsahnende Bertha laut aufstöhnte: »Ach, Mühmchen! Die Engel sind zu mir herniedergestiegen! Aber sie singen so himmlisch schön, daß ich nichts mehr höre, und so grell blendet mich ihr Strahlenglanz, daß ich davor die Augen schließen muß!«

Und wirklich vergingen ihr die Sinne vor dem Übermaß der Liebeslust, die sie überflutete wie brausender heller Orgelton, die rings um sie aufstrahlte wie die rote Glut der Morgensonne, ihre Adern durchrann wie der feinste Moschusduft und die Fesseln des Lebens entband und einem Kindlein der Liebe das Dasein schenkte; und wo ein solches Kind gezeugt wird, geht es ungestümer und unbändiger zu als überall sonst. Zu guter Letzt dünkte es Bertha, sie weile im himmlischen Paradies, so selig war ihr zumute, und aus diesem wunderschönen Traum erwachte sie in Johanns Armen.

»Ach, warum bin ich nicht in England verheiratet worden?« seufzte sie.

»Meine vielschöne Herrin«, erwiderte Johann, der seiner Lebtage noch nie solche Lust genossen hatte, »du bist mir in Frankreich angetraut, wo sich alle Dinge noch besser anlassen; denn ich bin ein Mann, der für dich tausend Leben hingäbe, wenn er tausend Leben hätte.«

François Boucher, *Der Herbst,* 1755
Foto: AKG, Berlin

Da stieß die arme Bertha einen so gellenden Schrei aus, daß er durch alle Wände drang, und sprang aus dem Bett mit einem solchen Satz, wie ihn kaum eine Heuschrecke der ägyptischen Landplagen zustande gebracht hätte. Sie fiel vor ihrem Betstuhl auf die Knie, rang die Hände und weinte eine wahre Perlenflut von Tränen, mehr als Maria Magdalena Perlen an ihrem Geschmeide trug.

»Ach, das ist mein Tod!« klagte sie. »Ich bin hintergangen von einem Teufel, der ein Engelsantlitz angenommen hat! Weh mir, ich bin verloren! Sicherlich habe ich ein schönes Kindlein in meinem Schoß empfangen und bin doch nicht schuldiger, als du es warst, jungfräuliche Muttergottes! Bitte für mich um Gnade und Barmherzigkeit vor Gottes Thron, wenn mich die Menschen verdammen, oder laß mich sterben, damit ich nicht vor meinem Herrn und Gebieter vergehen muß vor Scham.«

Als Johann hörte, daß sie nichts Böses gegen ihn sagte, erhob er sich, immer noch ganz kleinlaut und bestürzt, daß Bertha diesen schönen Tanz zu zweit so übel aufgenommen hatte. Doch kaum hörte sie, daß sich ihr Engel Gabriel regte, richtete sie sich geschwind auf, blickte ihn mit tränenüberströmtem Gesicht an und mit Augen, aus denen ein so heiliger Zorn blitzte, daß sie noch schöner anzusehen war als zuvor.

»Wenn Ihr mir nur einen einzigen Schritt näher kommt«, rief sie, »so bedeutet er für mich einen Schritt dem Tode zu!«

Und sie zückte einen zierlichen Dolch, wie ihn die Damen in jener Zeit auf sich trugen.

Da begriff Johann endlich, wie herzzerreißend ihre

Qual war, und er antwortete ihr: »Nicht an dir ist es zu sterben, mein geliebter schöner Schatz, sondern an mir! Ich liebe dich mehr, als je auf Erden ein Weib geliebt ward!«

»Hättet Ihr mich wahrhaft geliebt, so hättet Ihr mich nicht so zuschanden gemacht, wie ich's jetzt bin, denn viel lieber will ich sterben, als von meinem Gemahl Vorwürfe hinnehmen zu müssen.«

»Wollt Ihr denn sterben?« fragte er.

»Ganz gewiß!« versetzte sie.

»Wenn ich also von ungezählten Dolchstichen durchbohrt bin, werdet Ihr Eures Gatten Verzeihung empfangen. Ihr könnt ihm sagen, zwar sei Eure Unschuld überrumpelt worden, doch hättet Ihr seine Ehre gerächt und den Mann getötet, der Euch angeführt und betrogen hat. Und für mich wird es das größte Glück sein, das mir widerfahren kann, für Euch zu sterben, da Ihr nicht für mich leben wollt.«

Als Bertha diese zärtlichen Worte hörte, die er unter Tränen sprach, ließ sie den Dolch fahren. Johann lief geschwind herzu, hob ihn auf und stieß ihn sich in die Brust.

»Solches Glück muß mit dem Leben bezahlt werden!« rief er und sank wie entseelt zu Boden.

Zu Tode erschrocken rief Bertha ihre Zofe herein. Die Zofe kam, und auch sie war vor Entsetzen starr, als sie in der Kammer der gnädigen Frau einen todwunden Mann liegen sah, während ihn die Herrin in ihren Armen hielt und wehklagte: »Was habt Ihr getan, Liebster?« Denn sie glaubte, er sei tot, und noch immer klang in ihr die tiefe Lust der vergangenen Nacht nach. Auch ward sie den Gedanken nicht los, wie schön Johann doch sein müsse, da ihn jeder im Hause, sogar der mißtrauische Imbert, für ein Mägdlein angesehen hatte. In ihrem Schmerz erzählte sie alles ihrer Zofe; sie weinte und jammerte, es sei schon genug, daß ihr jetzt das Leben eines Kindes auf dem Herzen laste, und nun habe sie obendrein auch noch den Tod eines Mannes verschuldet. Als der arme Verliebte das hörte, schlug er mühsam die Augen gerade so weit auf, daß man ein schmales Stückchen vom Weißen sah.

»Ach, Herrin, weint nicht länger«, redete ihr die Zofe zu, »wir dürfen den Kopf nicht verlieren, sondern müssen den schmucken Ritter retten. Ich laufe rasch zur Fallotte und hole sie her; so brauchen wir keinen Wundarzt oder Heilkundigen in Euer Geheimnis einzuweihen. Sie ist ja eine zauberkundige Frau und wird, der gnädigen Frau zu Gefallen, das Wunder vollbringen, diese Wunde zu schließen, so daß nichts mehr zu sehen sein wird.«

»Lauf geschwind!« drängte Bertha. »Lauf, und ich will dich liebhaben und dir deinen Beistand mit Guttaten ohne Zahl belohnen!«

Vor allem kamen Herrin und Zofe überein, sie wollten über den Vorfall Schweigen bewahren und Johann vor unberufenen Augen verborgen halten. Hierauf holte die Magd zu nachtschlafender Stunde die Fallotte herbei, und ihre Herrin geleitete sie selbst bis zum Schloßtor, weil die Wache ohne ausdrücklichen Befehl Berthas das Fallgatter nicht hochziehen durfte. Bertha fand ihren schönen Liebsten in tiefer Ohnmacht, vor Schmerzen und auch wegen des großen Blutverlustes, weil das Blut, ohne zu versiegen, aus der Wunde sickerte. Als sie das ausströmende Blut sah, trank sie ein paar Tropfen davon, dachte dabei auch, daß Johann es ja ihretwegen vergossen hatte. Zutiefst gerührt von solch großer Liebe und von der Gefahr, in welcher der schöne Jüngling schwebte, küßte sie ihn innig und zärtlich auf den Mund, verband seine Wunde und netzte sie mit ihren Tränen; sie flehte ihn an, er dürfe nicht sterben, und gelobte ihm, wenn er am Leben bleibe, so wolle sie ihn von ganzem Herzen und mit allen ihren Kräften lieben. Verlaßt euch drauf, daß die Schloßherrin sich heftig verliebte, als ihr beim Anblick des schmucken Junkers bewußt wurde, welch ein Unterschied zwischen einem Jüngling wie Johann, einem weißhäutigen, flaumbärtigen, blütenfrischen Mann, und einem alten Kracher wie Imbert bestand, einem haarigen, gelbhäutigen, runzligen Zittergreis. Dieser Unterschied rief ihr auch ins Gedächtnis zurück, wie unterschiedliche Lust sie mit beiden genossen hatte. Durch dieses Erinnern gelüstig gemacht, wurden ihre Küsse allgemach so süß und lind, daß Johann darob wieder zu Bewußtsein kam, daß sein Blick sich klärte und er Bertha erkannte. Nun bat er sie mit schwacher Stimme um Verzeihung. Doch Bertha verbot ihm das Sprechen, bis die Fallotte zur Stelle sei. So brachten die beiden die Zeit damit zu, daß sie einander voll Liebe anschauten, denn aus Berthas Augen strahlte tiefes Mitgefühl, und in solchen Lagen ist ja Mitleid der Liebe nahe verwandt.

Die Fallotte war ein buckliges, verhutzeltes altes Weib und stand heftig im Verdacht, sie betreibe die Schwarze Kunst und Hexerei; und es hieß, sie reite nach Art und Brauch der Hexen auf einem Besen allnächtlich zum teuflischen Sabbat. Manche wollten sie gesehen haben, wie sie ihren Besenstiel im Stall anschirrte, welcher Stall, wie jeder weiß, in der Dachtraufe des Hauses gelegen ist. Die Wahrheit zu sagen, kannte sie mancherlei geheime heilkräftige Mittel und leistete den adligen Damen und Herren in gewissen Verlegenheiten so treffliche Dienste, daß sie ihre Tage in ungestörter Ruhe verlebte und ihre Seele nicht auf einem brennenden Holzstoß aushauchte, sondern in einem weichen Daunenbett, weil sie korbweise Dukaten aufgehäuft hatte, obschon die Ärzte sie oft und oft behelligten und ihr keine Ruhe ließen, auch immer wieder behaupteten, sie treibe einen schwunghaften Handel mit Giften, was freilich die Wahrheit war, wie aus dieser Geschichte klar hervorgeht. Die Zofe kam auch bald mit der Fallotte angeritten, beide zusammen auf einem Esel und so eilig, daß der Morgen noch nicht dämmerte, als sie im Schloß anlangten. Als die alte Buckelhexe die Kammer betrat, fragte sie: »Nun sagt, was gibt's denn, meine Kinder?«

Das war so ihre Art, mit den Großen umzugehen, die sie recht klein dünkten. Sie pflegte nicht viel Umstände mit ihnen zu machen und behandelte sie wie ihresgleichen.

Dann setzte sie ihre Brille auf, besah sich die Wunde mit großer Sachkenntnis und sagte hernach: »Schönes Blut ist das, mein Schätzchen. Du hast ja davon gekostet. Alles geht vortrefflich; er hat nach außen geblutet.«

Während sie dies sagte, wusch sie die Wunde mit einem feinen Schwamm, und keuchend und nach Luft ringend schauten die Damen und die Kammerfrau ihrer Hantierung zu. Schließlich erklärte die Fallotte entschieden und sachkundig, der Junker werde nicht an diesem Stich sterben, wenngleich er, so sagte sie nach einem Blick auf die Linien seiner Hand, eines gewaltsamen Todes als Folge dieser Nacht werde sterben müssen. Über diese Weissagung auf Grund ihrer Handlesekunst gerieten Bertha wie auch ihre Zofe in tödlichen Schrecken. Die Fallotte verschrieb ihnen noch die dringlichsten Salben und Kräuter und versprach, in der folgenden Nacht wiederzukommen. In der Tat pflegte sie die Wunde zwei Wochen lang; Nacht für Nacht kam sie ungesehen ins Schloß. Dem Ingesinde und den übrigen Burgbewohnern redete die Zofe ein, das Fräulein von Rohan liege auf den Tod krank zufolge einer Geschwulst im Unterleib, das müsse um der Ehre der gnädigen Frau, ihrer Base, willen ein Geheimnis bleiben. Jeder gab sich mit dieser Auskunft zufrieden und nahm davon den Mund so voll, daß er noch etwas abgeben konnte.

Die guten Leute waren des Glaubens, die Krankheit sei gefahrvoll und tückisch. Doch weit gefehlt: ungleich größere Gefahren barg die Genesung, denn je kräftiger Johann wurde, um so schwächer ward Bertha, so schwach, daß sie sich mitten in das Paradies hineinfallen ließ, an dessen Rand Johann sie emporgehoben hatte. Kurz: Sie liebte ihn von ganzem Herzen und von ganzer Seele, und mit jedem neuen Tag liebte sie ihn heißer und zärtlicher. Doch mitten im Strudel ihrer leidenschaftlichen Liebe wurde sie immerfort von bangen Ahnungen gequält, und allezeit gingen ihr die drohenden Worte der Fallotte im Kopf herum, auch bedrückte sie ihr Gewissen, ihr frommer

Sinn ließ ihr keine Ruhe, und sie fürchtete sich vor Herrn Imbert, dem sie wohl oder übel hatte schreiben müssen, daß er ihr ein Kind gezeugt habe, mit dem sie ihn bei seiner Heimkehr erfreuen werde. Doch war dies eine Lüge, die schwerer wog als das Kind. Die arme Bertha ging an dem Tage, da sie diesen trügerischen Brief schrieb, ihrem heißgeliebten Johann geflissentlich aus dem Wege, denn sie mußte darüber so bitterlich weinen, daß ihr Schnupftüchlein ganz naß ward. Als Johann sah, daß sie ihm auswich – sie gingen einander nämlich nicht einen Augenblick lang von der Seite, wie das Feuer nicht vom Holze läßt, sobald es einmal gezündet hat –, glaubte der Jüngling, sie hasse ihn gar wohl, und nun weinte auch er sich die Augen aus.

Am Abend nahm Bertha tiefbewegt an Johanns Augen, obwohl er sie ausgewischt hatte, immer noch Tränenspuren wahr, und da gestand sie ihm den Grund ihres Herzeleids, ließ auch durchblicken, wie sehr sie sich vor der Zukunft ängstigte, und hielt ihm vor, wie schwer sie sich beide versündigt hätten. Sie sprach ihm in so erbaulichen, christlichen, mit frommen Zähren und reumütigen Gebeten untermischten Worten zu, daß Johann zutiefst ergriffen und von der gläubigen Frömmigkeit seiner geliebten Herrin im Innersten getroffen wurde. Diese Liebe, in Einfalt gepaart mit Reue, diese edle Gesinnung trotz aller schuldhaften Verfehlung, dieses Gemisch aus Kraft und Schwäche hätten, wie die alten Schriftsteller zu sagen pflegten, eines Tigers Herz erweichen müssen. Wundert euch darum nicht, daß Johann nicht anders konnte, sondern bei seiner Ritterehre schwor und sein

François Boucher, *Der unerwartete Besucher*
Foto: AKG, Berlin

Ehrenwort verpfändete, er werde ihr in allem gehorsam sein, was sie ihn zu ihrer Rettung in dieser und in der andern Welt tun heiße.

Als Bertha dieses blinde Vertrauen und diese redliche und gutwillige Gesinnung sah, warf sie sich Johann zu Füßen und bedeckte sie mit glühenden Küssen.

»O mein Freund!« frohlockte sie, »den ich lieben muß, obschon es eine Todsünde ist, du, so gut, so voll Erbarmen gegen deine arme Bertha: Wenn du willst, daß ich immerfort in unverminderter Freude deiner gedenke, wenn du den Strom meiner Tränen aufhalten willst, deren Quelle doch so hold und anmutreich ist« – und um es ihm zu beweisen, ließ sie ihn einen Kuß rauben –, »Johann«, so fuhr sie fort, »wenn du willst, daß die Erinnerung an unsere himmlischen Freuden, an die Engelsgesänge und den Balsamduft der Liebe mich nicht bedrücke, sondern mich im Gegenteil in bösen Tagen tröste, dann tue, was mir die Heilige Jungfrau dir zu befehlen aufgetragen hat. Ich habe sie im Traum kniefällig angefleht, mich in meiner gegenwärtigen Bedrängnis zu erleuchten; ich bat sie, mir zu helfen, und sie ist mir erschienen. Da schüttete ich ihr mein beklommenes Herz aus und sagte ihr, in welch grauenvoller Qual ich dahinlebe, wie ich immerzu um das Kleine zittere, das sich bereits in mir regt, und wie ich um den wahren Vater bange, der auf Gnade und Ungnade dem andern ausgeliefert sei und seine Vaterschaft möglicherweise durch einen gewaltsamen Tod sühnen müsse, wofern die Fallotte, woran ich nicht zweifle, in seinem künftigen Leben richtig gelesen habe. Da gab mir die Heilige Jungfrau lächelnd zur Antwort, die Kirche gewähre uns Vergebung unserer

Sünden, wenn wir ihren Geboten gehorsam seien; nur müßten wir schon auf Erden einen Teil unseres Fegefeuers abbüßen und rechtzeitig bußfertige Einkehr halten, ehe uns der Zorn des Himmels treffe. Dann deutete sie mit ihrem Finger auf einen Jüngling, der dir zum Verwechseln ähnlich sah, doch war er gekleidet, wie du eigentlich gewandet sein müßtest und wie du's auch sein wirst, wenn du deine Bertha mit ewigwährender Liebe liebst.«

Da beteuerte ihr Johann aufs neue seinen unverbrüchlichen Gehorsam, er hob sie auf, setzte sie auf seine Knie und küßte sie inbrünstig. Nun erst gestand ihm Bertha, das Gewand, von dem sie gesprochen, sei eine Mönchskutte gewesen, und sie bat ihn, zitternd vor Angst, er könnte ihr diese Bitte abschlagen, er möge ins Kloster gehn und sich in die Abtei von Marmoustier unweit Tours zurückziehen; doch schwor sie ihm bei allem, was ihr lieb und teuer war, sie werde ihm noch eine letzte Liebesnacht schenken; nachher wolle sie nie wieder einem Manne, weder ihm noch sonst wem hienieden, angehören. Zum Lohn für seine Willfährigkeit werde sie ihn jedes Jahr einmal zu sich kommen lassen, damit er sein Kind sehen könne.

Gebunden durch seinen Eid, versprach Johann, ins Kloster zu gehen, wenn es seine Liebste wollte, sagte ihr auch, auf die Weise werde er ihr die Treue halten und nie wieder andere Liebeslust genießen nach den Himmelswonnen, die er in ihren Armen gekostet habe, und so werde er in stetem Gedenken dieser überirdischen Freuden seine Tage beschließen. Als Bertha diese liebreichen Worte hörte, sprach sie zu ihm: »So schwer ich auch gesündigt habe und was mir Gott auch vorbehalten mag, diese Stunde wird mir helfen, alles zu ertragen; denn nun bin ich fest überzeugt, daß ich mich nicht einem Manne, sondern einem Engel hingegeben habe.«

So legten sie sich denn zueinander auf die Lagerstatt, wo ihre Liebe aufgeblüht war, doch diesmal galt es, der prangenden Blütenpracht ein letztes Lebewohl zu sagen. Und sicherlich hatte der kleine Liebesgott Cupido bei dieser Abschiedsfeier die Hand im Spiele, denn nie und nirgendwo auf der weiten Welt hat eine Frau solche unsagbar tiefen Wonnen gekostet, und nie hat ein Mann hinwiederum soviel lustvolle Seligkeit zum Lohne erhalten. Denn es ist ja der wahren Liebe ein gewisser Einklang der Herzen wie der Leiber eigentümlich, und je mehr der eine gibt, um so mehr empfängt der andere, und umgekehrt, wie in bestimmten mathematischen Reihen, wo sich die gegebenen Ziffern mit sich selber bis ins Unendliche vervielfachen. Dieses Problem kann man begriffsstutzigen Leuten nur begreiflich machen, wenn man sie in einen venezianischen Spiegel schauen läßt, in dem sie tausend Figuren wahrnehmen, die alle durch eine einzige hervorgebracht werden. Gleichermaßen vervielfachen sich in den Herzen zweier Liebender die Rosen der Lust zu solch tiefer Verzückung, zu einem solchen Übermaß süßer Empfindungen, daß sie voll Staunen erkennen, wieviel Lust in ihren Herzen Raum findet, ohne daß sie darob zerspringen. Bertha und Johann hätten gewünscht, diese letzte Nacht ihrer Liebe wäre auch die letzte ihres Lebens gewesen, und glaubten, als wohlige Erschlaffung ermattend ihre Adern durchrann, es sei ihnen von der Liebe bestimmt, auf den Flügeln eines todbringenden Kusses von hinnen getragen zu werden. Doch konnte ihnen auch die ungezählte Vielfalt ihrer Liebkosungen nichts anhaben.

Tags darauf mußte Fräulein Sylvia Abschied nehmen, denn des Herrn Imberts Heimkehr stand nahe bevor. Das arme Kind sagte seiner Muhme unter Tränen und Schluchzen Lebewohl und küßte sie immer und immer wieder. Jeder Kuß war der letzte, und der letzte dauerte bis zum Dunkelwerden. Dann aber mußte geschieden sein, und er riß sich von ihr los, obschon ihm das Blut im Herzen stockte wie Wachs, das an einer Osterkerze niedertropft. Seinem Gelöbnis gemäß begab er sich nach Marmoustier, wo er um die elfte Stunde anlangte, und ließ sich unter die Novizen einreihen. Dem Herrn von Bastarnay aber sagte man, Sylvia sei in die Arme ihres *Lords* zurückgekehrt, was auf englisch soviel heißt wie *Gott der Herr,* und also hatte Bertha darin nicht gelogen.

Die Freude ihres Gatten, als er Bertha ohne Gürtel sah, weil sie ihn nämlich wegen ihrer vorgerückten Schwangerschaft nicht länger tragen konnte, war der erste Schritt auf dem Leidensweg der armen Frau, die so gar nicht zu lügen und zu betrügen verstand und nach jedem unwahren Wort auf ihren Betstuhl niedersank, sich das Herzblut aus den Augen weinte und sich in flehendem Gebet Gott und allen Heiligen des Paradieses anempfahl. Und siehe, sie schrie so verzweifelt und so laut zu Gott, daß Er sie erhörte. Denn Er hört alles, Er hört sowohl das Rollen der Steine unter den Wassern wie auch das Wehklagen der Armen und hört die Mücklein durch die Luft schwirren. Haltet euch dies wohl vor Augen und vergeßt es nicht, denn sonst werdet ihr dem, was nunmehr geschah, keinen Glauben schenken.

Gott gebot dem Erzengel Michael, dieser bußfertigen Sünderin schon auf Erden die Hölle zu bereiten, auf daß sie unfehlbar ins himmlische Paradies eingehen könne. So stieg denn der heilige Michael aus den Himmeln hernieder, trat vor das Höllentor, zeigte dem Teufel Bertha, Johann und das Kind und lieferte ihm diese drei Seelen aus, gab ihm auch Vollmacht, sie für die Dauer ihres Erdenwallens zu quälen und durch alle Nöte und Drangsale zu jagen. Der Teufel, der nach Gottes heiligem Willen und Ratschluß Herr über alles Böse ist, erwiderte dem Erzengel, er werde sich des göttlichen Auftrags willig und gern entledigen.

Während im Himmel solches beschlossen und in die Wege geleitet wurde, ging das Leben hienieden seinen Gang. Die edle Frau von Bastarnay schenkte Herrn Imbert das schönste Kind von der Welt, ein Knäblein, lilienweiß und rosenrot, verständig und klug wie weiland das Jesuskindlein und lachlustig und mutwillig wie ein heidnischer Liebesgott. Es ward immer schöner von Tag zu Tag, während der ältere Sohn seinem Vater nachschlug und einem Affen immer mehr nachartete, bis er ihm schließlich geradezu beängstigend glich. Der Jüngere strahlte wie ein Stern, ein Abbild seiner Eltern, deren leibliche und geistige Vollkommenheiten bei ihm eine Mischung aus unnachahmlicher Anmut und wundersamem Verstand hervorgebracht hatte. Als Bastarnay dieses sich täglich vollziehende Wunder an Fleisch und Geist sah, die beide nach wesenhaften Gesetzen gemischt waren, sagte er, sein ewiges Seelenheil gäbe er gerne dran, wenn er den Jüngern zum Erstgeborenen machen könnte; er werde es sich angelegen sein lassen, dies durch des Königs Huld und Gnade zu erwirken. Bertha wußte nicht, wie sie sich dazu verhalten sollte, denn sie liebte Johanns Kind abgöttisch und brachte nur noch wenig Liebe für ihren ältern Sohn auf, doch nahm sie ihn dessenungeachtet in Schutz gegen die argen Absichten des alten Bastarnay. Sie war höchlich zufrieden mit dem Lauf, den die Ereignisse genommen hatten, sie wappnete ihr Gewissen mit Lügen und Spiegelfechtereien und redete sich ein, alles sei glücklich abgelaufen, weil inzwischen zwölf Jahre verstrichen waren, ohne daß irgend etwas ihr Glück getrübt hätte außer der Furcht, die ihr dann und wann die Lebensfreude vergällte. Jahr für Jahr stellte sich, wie damals vereinbart worden war, der Mönch aus Marmoustier ein, den kein Mensch außer der Zofe kannte. Er blieb einen ganzen Tag im Schloß und weidete seine Augen an seinem Söhnchen, wennschon Bertha zu unterschiedlichen Malen den Bruder Johannes, ihren Geliebten, angefleht hatte, er möge auf sein Recht verzichten. Doch dann deutete Johann auf das Kind und wandte jedesmal ein: »Du siehst ihn alle Tage das ganze Jahr hindurch, mir aber ist nur ein einziger vergönnt!« Darauf fand die arme Mutter kein Wort der Erwiderung.

Wenige Monate vor der letzten Empörung Herrn Ludwigs gegen seinen Vater ging das Kind schon in sein zwölftes Lebensjahr, und es sah ganz danach aus, als sollte er dereinst ein großer Schriftgelehrter werden, so beschlagen und bewandert war er in jeglicher

Wissenschaft. Der alte Bastarnay war stolzer denn je auf seinen Sohn, und deshalb entschloß er sich, den Knaben mit sich an den burgundischen Hof zu nehmen, wo der Herzog Karl dem vielgeliebten Kind eine glänzende Stellung zu verschaffen versprach, um die ihn mancher Fürst beneiden mochte; denn der Herzog war ein Gönner und Freund aller hochbegabten und geistvollen Menschen.

Als nun der Teufel die Dinge so weit gediehen sah, hielt er die Zeit für gekommen, daß er Unheil stiften konnte. Er packte also seinen Schwanz und fuhr damit kurzerhand die Kreuz und die Quer in dem schönen Glück herum, um es nach seiner Laune durcheinanderzustochern.

III

Von dem schaurigen Strafgericht, das Bertha heimsuchte, wie sie sühnte und ihrer Sünde ledig starb

Die Kammerfrau der Schloßherrin von Bastarnay war um diese Zeit fünfunddreißig Jahre alt geworden und hatte sich in einen der Kriegsknechte des Ritters verliebt. Und sie war einfältig und blöde genug, ihn vorweg ein paar Brote aus ihrem Backofen ausborgen zu lassen, demzufolge sich in ihr eine natürliche Geschwulst bildete, die manche Spaßvögel hierzulande eine Neunmonatswassersucht benamsen. Die arme Frau bat ihre gutherzige Herrin flehentlich, sich für sie bei ihrem Gemahl zu verwenden: damit er das schlechte Mannsbild zwinge, am Traualtar zu vollenden, was er im Bett begonnen hatte. Es kostete die Frau von Bastarnay nicht viel Mühe, von ihrem Gemahl diese Gunst zu erwirken, und die Zofe war deswegen über die Maßen froh.

Doch der alte Haudegen, der seit jeher ein verteufelt rauher und ungehobelter Kerl gewesen war, ließ den Mann zu sich in sein Amtszimmer kommen, las ihm tüchtig die Leviten und befahl ihm bei Strafe des Stranges, die Zofe zu ehelichen, was dem Soldknecht um so eher zusagte, als er größern Wert auf seinen Hals als auf seine Gemütsruhe legte. Hierauf befahl Bastarnay auch das Weibsstück zu sich, denn er glaubte es der Ehre seines Hauses schuldig zu sein, daß er ihr eine lange Litanei, gespickt mit allerlei bildhaften Beiwörtern, abbetete und ihr gründlich mit hochtrabenden, schaurig tönenden Drohungen und Vermahnungen den Kopf wusch. Als Strafe stellte er ihr in Aussicht, sie werde nicht zum Traualtar geführt, sondern in ein finsteres, feuchtes Verlies geworfen werden. Da glaubte die Zofe, ihre Herrin wolle sie loswerden, um das Geheimnis der Geburt ihres geliebten Söhnleins aus der Welt zu schaffen. Als ihr nun der alte Affe Schimpfwort um Schimpfwort an den Kopf warf und unter andern Reden auch sagte, es müsse einer schon ein Narr und Tropf sein, wenn er eine Hure in seinem Hause dulde, da gab sie ihm in ihrem irrigen Glauben zur Antwort, dann sei er fürwahr ein Erztropf, weil nämlich seine Frau seit langem schon zur Hure gemacht sei, und noch dazu habe sie ein Mönch auf Abwege gebracht; das sei für einen Kriegsmann doch das Schlimmste, was ihm widerfahren könne.

Denkt nun zurück an das allergewaltigste Ungewitter, das ihr zeit eures Lebens erlebt habt, und ihr habt ein schwaches Abbild des rasenden Zornes, in welchen der Alte verfiel, als er an der Stelle seines Herzens getroffen wurde, wo das Leben dreier Menschen einbeschlossen war. Er packte die Zofe an der Gurgel und wollte sie auf der Stelle erwürgen. Doch sie rechtfertigte sich und gab ihm das Wann, Wie und Warum an, setzte auch hinzu, wenn er kein Vertrauen zu ihr habe, so könne er sich ja auf seine eigenen Ohren verlassen. Er brauche sich nur einmal an dem Tage zu verstecken, an dem Dom Johann von Sacché, der Prior von Marmoustier, zu Besuch komme; dann könne er mit anhören, was der wahre Vater seines Kindes alles sage, wie er sich für sein jahrelanges Fernsein schadlos halte und seinen Sohn an einem Tag so viel küsse, daß es für ein ganzes Jahr lange.

Imbert befahl der Frau, sich augenblicklich aus dem Schlosse fortzuscheren, denn wenn ihre Anklagen wahr seien, werde er sie ebenso bestimmt töten, wie wenn sie einen Haufen bösartiger Lügen ersonnen habe. Dann schenkte er ihr kurzerhand zu ihrem Mann noch hundert Taler hinzu und band ihnen beiden auf die Seele, sie sollten keine Nacht länger in der Touraine verweilen; und um ganz sicher zu gehen, ließ sie der Herr von Bastarnay durch einen seiner Offiziere ins Burgundische geleiten. Seiner Frau teilte er kurz mit, die beiden seien fortgezogen, fügte auch hinzu, die Zofe sei ein liederliches Weib, eine wurmige Frucht, und darum habe er es für klüger angesehen, sie hinauszuwerfen; doch habe er ihr hundert Taler mitgegeben und ihrem Beischläfer am burgundischen Hof eine Anstellung verschafft. Bertha war zwar erstaunt, daß ihre Zofe bereits das Schloß verlassen hatte, ohne von ihr, ihrer Herrin, Urlaub erhalten zu haben; aber sie sagte kein Wort dazu. Und nicht lange, so hatte sie ganz andere Sorgen im Kopf, denn mit einmal fiel ihr zu ihrer großen Bestürzung auf, daß ihr Gemahl sich völlig anders gegen sie betrug und einen ganz ungewohnten Ton anschlug, daß er anfing, Vergleiche anzustellen zwischen seinem Aussehen und den Zügen seines älteren Sohnes und plötzlich keinerlei Ähnlichkeit mehr, weder an Stirn noch Nase noch sonstwo, mit dem Letztgeborenen fand, den er so heiß geliebt hatte.

»Er ist mir wie aus dem Gesicht geschnitten«, gab ihm Bertha eines Tages zur Antwort, als er wieder einmal solch anzügliche Bemerkungen fallen ließ. »Wißt Ihr denn nicht, daß in guten Ehen die Söhne dem Vater und der Mutter nachschlagen, und zwar abwechselnd oder zuweilen auch beiden zugleich, weil nämlich die Mutter ihre Anlagen mit den Lebensgeistern des Vaters vermischt? Auch gibt es Ärzte, die sich damit brüsten, zahlreiche Kinder gesehen zu haben, die keinerlei Ähnlichkeit mit beiden aufweisen, und sie erklären, solche geheimnisvollen Vorgänge seien gänzlich Gott und seinem Willen anheimgestellt.«

»Ihr seid ja ausnehmend gelehrt geworden, mein Schatz«, versetzte Bastarnay. »Ich bin aber bloß ein ungebildeter Mann und meine drum, wenn ein Kind einem Mönch ähnlich sieht...«

»Dann muß es auch von diesem Mönch gezeugt worden sein?« fragte Bertha zurück und blickte ihm furchtlos in die Augen, obwohl ihr das Blut in den Adern zu Eis erstarrte.

Da glaubte der Alte, er sei doch von der Zofe irregeführt worden, und wünschte sie insgeheim zu allen Teufeln. Aber trotzdem brannte er nur desto unnachgiebiger darauf, sich in dieser verzwickten Sachlage Klarheit zu verschaffen. Da der Tag, der dem Dom Johann zustand, herannahte, schrieb ihm Bertha, die nach den ausfälligen Worten ihres Gatten mißtrauisch geworden war, es sei ihr Wunsch und Wille, daß er dieses Jahr nicht komme; den Grund dafür werde sie ihm später einmal mitteilen. Hierauf suchte sie die alte Fallotte in Losches auf und bat sie, den Brief zu bestellen und ihn Dom Johann auszuhändigen. Nun glaubte sie, für diesmal sei alles noch glimpflich abgelaufen. Sie war um so froher, an ihren Freund, den Prior, geschrieben zu haben, als Herr Imbert, der sonst immer, wenn die Zeit für das alljährliche Wiedersehensfest des armen Mönchs herankam, in den Maine-Gau zu reisen pflegte, wo er große Ländereien besaß, diesmal von der Reise abstand, und zwar schützte er die Vorbereitungen zum Aufstand vor, den der gnädige Herr Ludwig gegen seinen armen Vater anzettelte, welcher – wie allbekannt – über diesen Waffengang so tödlich gekränkt war, daß er daran starb. Dieser Grund war so glaubhaft und einleuchtend, daß die arme Bertha ins Netz ging und sich wieder beruhigte.

Am vereinbarten Tage stellte sich der Prior wie alle Jahre auf dem Schloß ein. Als Bertha ihn kommen sah, ward sie aschfahl und fragte ihn, ob er ihre Botschaft nicht erhalten habe.

»Was für eine Botschaft?« fragte Johann verdutzt.

François Clouet, *Diane de Poitiers im Bade*
Foto: AKG, Berlin

»Nun sind wir also verloren, das Kind, du und ich!« antwortete Bertha.

»Warum denn?« forschte der Prior.

»Ich weiß es nicht«, erwiderte sie, »aber soviel ist sicher: unser letzter Tag ist angebrochen.«

Sie fragte ihren inniggeliebten Sohn, wo Bastarnay sei. Der Knabe gab ihr zur Antwort, sein Vater sei durch einen Eilboten nach Losches entboten worden und werde wahrscheinlich erst spät am Abend heimkehren. Auf diesen Bescheid hin bestand Johann, allen Bitten und Warnungen seiner Geliebten zum Trotz, darauf, den Tag bei ihr und seinem teuren Kind zu verbringen. Er lege die Hand dafür ins Feuer, sagte er, daß ihm nichts Arges widerfahren könne, nachdem nun zwölf Jahre seit jener gesegneten Nacht vergangen seien, in der ihr Sohn zur Welt gekommen. An diesen Tagen, an denen Jahr für Jahr das Erinnerungsfest der schicksalsreichen Nacht begangen wurde, die ihr ja kennt, blieb die arme Bertha bis zum Nachtmahl stets allein mit dem armen Mönch in ihrer Kammer. Doch unter diesen Umständen speisten die beiden Liebenden, aufgestört durch Berthas Befürchtungen, die Johann teilte, kaum hatte sie sie vorgebracht, zeitiger als sonst. Zwar sprach der Prior von Marmonstier Bertha Mut zu, hielt ihr die Vorrechte und Sondervergünstigungen der Kirche vor Augen, und daß es sich Bastarnay, der ohnedies bei Hofe schlecht angeschrieben sei, keinesfalls leisten könnte, an einen Würdenträger von Marmoustier Hand anzulegen.

Als sie sich zu Tische setzten, spielte ihr Kind gerade draußen im Schloßhof und wollte, ungeachtet der wiederholten Bitten seiner Mutter, nicht von seinem

Spiel lassen. Er tummelte nämlich einen jungen spanischen Hengst, den der edle Herr Karl von Burgund dem alten Bastarnay zum Geschenk gemacht hatte. Und da sich Knaben ja gerne aufspielen und älter sein möchten, als sie sind, da sich Pagen als Knappen gebärden und Knappen wie Ritter auftreten möchten, so machte es dem Kinde Spaß, seinem Freund, dem Mönch, zu zeigen, wie groß er mittlerweile geworden war. Er ließ also den Hengst springen gleich einem Floh in den Leintüchern und wankte nicht im Sattel, als hätte er zeitlebens nichts anderes getan, als Rosse zugeritten.

»Laßt ihn nur gewähren, liebste Freundin«, redete der Mönch Frau Bertha zu, »eigensinnige Kinder werden später oft charakterfeste Männer!«

Bertha rührte kaum die Speisen an, so beklommen und bang war ihr ums Herz. Der Mönch aber, der sich auf alle Wissenschaften trefflich verstand, spürte schon nach den ersten Bissen in seinem Magen ein Rumoren und eigentümliches Wühlen und im Gaumen ein scharfes beizendes Jucken, wie von Gift, und er argwöhnte augenblicklich, der Herr von Bastarnay habe ihnen allen das Mahl gesegnet. Ehe er jedoch seiner Sache ganz sicher war, hatte Bertha auch schon ein paar Brocken gegessen. Mit eins riß der Mönch das Tischtuch samt allem, was darauf war, herab und warf die ganze Mahlzeit ins Kaminfeuer, sagte auch Bertha, was er argwöhnte. Bertha dankte der Heiligen Jungfrau dafür, daß ihr Söhnchen so eifrig auf sein Spiel versessen gewesen war. Johann verlor den Kopf nicht, erinnerte sich vielmehr seiner ehemaligen Fertigkeiten als Knappe, rannte in den Hof hinunter, riß seinen

Sohn vom Pferd herab, sprang mit einem Satz in den Sattel und galoppierte so rasend schnell auf und davon, daß man hätte glauben können, eine Sternschnuppe flitze vorüber; er gab dem Roß die Sporen, daß er ihm die Flanken blutig stieß, und langte in Losches bei der Fallotte in kürzerer Zeit an, als der leibhaftige Gottseibeiuns gebraucht hätte, um vom Schloß nach Losches zu fahren. In knappen Worten legte er der Fallotte den Fall dar, weil nämlich das Gift bereits an seinen Eingeweiden fraß, und bat sie um ein Gegengift.

»Weh!« rief da die Hexe, »hätte ich gewußt, daß das Gift für Euch bestimmt war, so hätte ich mir lieber den Dolch durch die Kehle stoßen lassen, mit dem man mich bedrohte, und hätte mein armseliges Leben hingegeben, um einen Mann Gottes zu retten und auch die liebreizendste Frau, die jemals auf Gottes Erde geblüht hat! Teurer Freund, wisset, ich habe nämlich nur noch dies kärgliche Restchen Gegengift in diesem Fläschchen.«

»Ist noch genug für *sie* drin?«

»Ja, doch müßt Ihr Euch beeilen!« drängte die Alte.

Da raste der Mönch noch geschwinder zurück, als er hergeritten war, so daß der Hengst im Schloßhof unter ihm zusammenbrach und verendete. Er rannte in das Gemach, wo Bertha, die ihr letztes Stündlein gekommen wähnte, sich in Krämpfen wand wie eine Eidechse im Feuer und dabei ihr Kind küßte und herzte. Doch galt ihr Wehgeschrei nicht ihrer eigenen Qual, sondern diesem heißgeliebten Sohn, der nun hilflos dem wütenden Zorn des Herrn von Bastarnay preisgegeben war. Ihre eigenen Todesmartern hatte sie über dem grausamen Los, das ihm, wie sie ahnte, bevorstand, völlig vergessen.

»Da, nimm«, rief der Mönch, »mein Leben ist in Sicherheit!«

Dom Johannes brachte den stolzen Mut auf, diese Worte zu sprechen, ohne mit der Wimper zu zucken, obwohl er bereits spürte, wie die Krallenfänge des Todes ihm ans Herz griffen. Kaum aber hatte Bertha getrunken, sank der Prior tot um, nachdem er noch seinen Sohn geküßt und seiner Liebsten einen Blick zugeworfen hatte, der auch noch gleich liebevoll schien, nachdem sein Auge gebrochen war und er seinen letzten Seufzer ausgehaucht hatte. Bei diesem Anblick erstarrte Bertha zu kaltem Marmorstein, sie fühlte solch maßloses Entsetzen in ihrem Herzen aufsteigen, daß sie starr und reglos vor dem Toten kauerte, der da ihr zu Füßen ausgestreckt lag. Sie drückte immer wieder die Hand ihres bitterlich schluchzenden Kindes, während ihr Auge trocken blieb wie weiland das Rote Meer, als die Juden unter Führung ihres Herrn und Meisters Moses hindurchzogen. Es war ihr, als hätte sie spitzige Sandkörner unter den Augenlidern, die sie brannten, ohne daß sie aber weinen konnte. Betet für sie, barmherzige Seelen, denn keiner Frau ward jemals solch bitteres Herzeleid angetan wie ihr, als sie erriet, daß ihr Freund starb, weil er ihr das Leben hatte retten wollen.

Mit Hilfe ihres Sohnes bettete sie den toten Mönch auf ihre Lagerstatt und kniete zu seinen Füßen nieder in heißem Gebet mit ihrem Kind, dem sie nun endlich auch sagte, der Prior sei sein wahrer Vater. In dieser Haltung erwartete sie ihre schlimme Stunde, die ihr auch nicht erspart blieb. Denn um die elfte Stunde kam Bastarnay zurück, und schon draußen an der Zugbrücke wurde ihm gesagt, der Mönch sei tot, nicht aber die gnädige Frau und das Kind; zudem sah er noch seinen schönen Hengst verendet im Hofe liegen. Da packte ihn ein wildes Verlangen, Bertha und das Kind des Mönchs gleichfalls umzubringen, und er sprang mit einem weiten Satz die Stufen der Treppe hinauf! Doch angesichts dieses Leichnams, für den sein Weib und der Sohn die Totengebete sprachen, ohne abzubrechen, ohne Ohr für sein fürchterliches Toben, ohne Auge für sein wütendes Fuchteln und Dräuen, da brachte er's nicht übers Herz, diese ruchlose Untat zu vollbringen. Als seine erste Wut verraucht war, wußte er nicht, was er beginnen sollte, und stampfte unschlüssig und ratlos im Gemach auf und ab wie ein Hasenfuß, den man bei einer Missetat ertappt, so hatten ihn die Gebete verstört, die ohne Unterlaß für das ewige Seelenheil des Mönchs gesprochen wurden.

Die Nacht verging unter Weinen, Seufzen und Beten. Auf ausdrücklichen Befehl ihrer Herrin mußte eine Kammerfrau nach Losches gehen und dort ein Kleid kaufen, wie es adlige Frauen trugen, und für den armen Sohn ein Pferd und eine Knappenrüstung. Als der Herr von Bastarnay dies sah, wunderte er sich nicht wenig darüber. Er schickte nach der gnädigen Frau und dem Sohn des Mönchs; doch weder Mutter noch Kind gaben ihm Antwort, sondern legten nur stumm die Gewänder an, die ihnen die Kammerfrau gekauft hatte. Auf Berthas Weisung mußte die Zofe über den Hausstand der Schloßherrin ein genaues

Verzeichnis aufstellen, auch traf sie ihre Verfügungen über ihre Kleider, Perlen, Schmucksachen und Diamanten, wie solche Dinge jeweils bei der feierlichen Verzichtleistung einer Witwe auf ihre Rechte angeordnet werden. Bertha gebot sogar, obendrauf noch ihr Almosentäschchen zu legen, auf daß gar nichts mehr zu ihrer völligen Entäußerung jeglichen Besitzes, der ihrem Gemahl zu eigen war, fehlte.

Bald munkelte man im ganzen Haus von diesen Vorbereitungen. Jeder sah, daß die gnädige Frau das Schloß verlassen wollte, und große Traurigkeit befiel alle Herzen. Ja sogar ein kleiner Küchenjunge, der erst seit einer Woche da war, weinte, weil ihm die gnädige Frau schon ein gütiges und liebreiches Wort gegönnt hatte.

Entsetzt über diese Zurüstungen, stapfte der alte Bastarnay zu seiner Frau in die Kammer und traf sie, in Tränen aufgelöst, bei Johanns Leichnam; denn endlich waren ihr die Tränen gekommen. Als sie aber ihren Gatten sah, trocknete sie die Augen.

Auf seine ungezählten Fragen antwortete sie in knappen Worten mit dem offenen Geständnis ihrer Schuld. Sie erzählte, wie sie hintergangen worden war, wie sich der arme Page habe entleiben wollen – sie zeigte ihm die Wunde auf der Brust des Toten –, wie lange es gewährt hatte, bis er genesen war, wie er hernach aus Gehorsam gegen sie und aus Bußfertigkeit gegen Gott und die Menschen ins Kloster gegangen war, wie er sein schönes Leben als Ritter aufgegeben und seinen Namen hatte erlöschen lassen, was ihn sicherlich härter ankam als der Tod. Auch habe sie gedacht, wennschon sie ihre Ehre räche, so hätte doch

Gott selber dem Mönch nicht einen Tag in jedem Jahr verweigert, seinen Sohn zu sehen, um dessentwillen er alles aufgeopfert hatte. Und weil sie nimmermehr mit einem Mörder unter einem Dach leben wolle, gehe sie jetzt fort aus diesem Hause und lasse all ihr Hab und Gut zurück. Und ferner: Wenn die Ehre derer von Bastarnay befleckt sei, so habe nicht sie, sondern er Schande über sein Haus gebracht, denn sie habe in diesem Ärgernis nach bestem Wissen und Bemühn alles wieder zum Guten gewendet. Endlich tat sie noch das Gelübde, mit ihrem Sohn über Berge und Täler zu wandern, bis alle ihre Schuld gänzlich gesühnt sei, denn sie wisse, wie sie für alles Buße tun könne.

Nachdem sie mit edlem Anstand und wachsbleich im Gesicht diese ergreifend schönen Worte gesprochen hatte, faßte sie ihren Sohn bei der Hand und schritt in erhabener Trauer hinaus, weit schöner und hoheitsvoller als die edle Hagar bei ihrem Scheiden vom Patriarchen Abraham und so stolz, daß alle im Haus, bei denen sie vorbeikam, auf die Knie niederfielen und flehend die gefalteten Hände zu ihr emporhoben, als wäre sie Unsere Liebe Frau höchstselbst. Es war herzzerreißend anzusehen, wie der Herr von Bastarnay hinter ihr drein schritt, tränenden Auges, seiner Schuld bewußt und verzweifelt wie ein Mann, den man zum Schafott führt, daß er dort hingerichtet werde.

Bertha blieb taub gegen alles Flehen und Beschwören. So groß und allgemein war die Verzweiflung und Ratlosigkeit im Schloß, daß sie die Zugbrücke herabgelassen fand. Sie schritt rascher aus, um bald außerhalb des Burgbereichs zu sein, denn sie

François Boucher, *Junge Frau,* um 1738/40
Foto: AKG, Berlin

fürchtete, man könnte die Brücke plötzlich hochziehen. Doch kein Mensch dachte daran oder brachte es übers Herz. Bertha setzte sich an den Rand des Burggrabens, vor den Augen sämtlicher Schloßbewohner, die sie unter Tränen dazubleiben baten. Der arme Schloßherr stand völlig gebrochen da und hielt sich an der Kette des Fallgitters fest, stumm wie einer von den steinernen Heiligen, die über dem Burgtor eingehauen waren. Er sah, wie Bertba ihrem Sohn gebot, den Staub von seinen Schuhen auf der Brücke abzuschütteln, damit er nichts mit sich forttrage, was den Bastarnay gehöre, und sie tat desgleichen. Hierauf deutete sie auf den Burgherrn, wies ihn ihrem Sohne mit einer feierlichen Gebärde und sprach zu ihm: »Mein Kind, sieh dort den Mörder deines Vaters, der, wie du weißt, der arme Prior war. Du aber hast den Namen dieses Mannes getragen. Sieh also zu, daß du ihn zurückgeben kannst, wie du hier in seinem Schloß den Staub zurückläßt, den du an deinen Schuhen mitgetragen hast. Was deine Kost und Erziehung in seinem Hause anlangt, so werden wir mit Gottes Hilfe die Rechnung auch begleichen.«

Als der alte Bastarnay diese feierlichen Worte hörte, hätte er am liebsten seinem Weib ein ganzes Kloster voller Mönche verstattet, wenn sie nur bei ihm bleiben und ihn nicht mitsamt dem Junker, welcher dereinst Ruhm und Preis seines Hauses abgeben konnte, verlassen wollte. So blieb er, das Haupt auf die Ketten der Zugbrücke geneigt, reglos und wie versteinert stehen.

»Teufel!« schrie Bertha, obschon sie nicht ahnte, wie sehr der Gottseibeiuns bei alledem seine Finger im

Spiel gehabt hatte, »bist du jetzt zufrieden? Mögen nunmehr, da mein ganzes Glück in Scherben liegt, Gott, seine Heiligen und Erzengel uns Hilfe und Beistand gewähren, um die ich so inbrünstig gebetet habe!«

Mit einmal ergossen sich in Berthas Herz Ströme himmlischer Tröstungen, denn um die Biegung eines Feldwegs erschien mit wehendem Banner ein langer Zug Mönche aus dem Kloster Marmoustier, unter frommen Gesängen, die ihr wie himmlische Stimmen in die Ohren klangen. Die Brüder hatten Kunde erhalten von dem Mord, der an ihrem vielgeliebten Prior verübt worden war, und kamen nun angewallt, um in feierlicher Prozession seinen Leichnam einzuholen, und mit ihnen schritten, Rechenschaft heischend, die Vertreter der kirchlichen Justiz. Als der Schloßherr von Bastarnay dies sah, fand er gerade noch Zeit, mit dem gesamten Schloßgesinde durch ein Nebentor abzuziehen; er entwich zu seinem Herrn, dem Thronfolger Ludwig, und ließ alles im Stich.

Die arme Bertha ritt, hinter ihrem Sohne aufsitzend, nach Montbazon zu ihrem Vater, um von ihm Abschied zu nehmen. Sie verhehlte ihm nicht, daß sie an diesem Schlag bestimmt sterben werde, und alle Angehörigen ihrer Sippe gaben sich redlich Mühe, ihr Trost zuzusprechen und sie aufzurichten, doch vermochten sie's nicht. Der alte Herr von Rohan schenkte seinem Enkelsohn eine prachtvolle Rüstung und ermahnte ihn dabei, so mannhaft Ruhm und Ehre mit seinen Waffentaten zu erringen, daß er die Schuld der Mutter in ewiges Lob wandle. Aber Frau Bertha von Bastarnay hatte im Herzen ihres teuren Sohnes keinen andern Gedanken genährt und gehegt als den, das angerichtete Unheil wiedergutzumachen, um sie und Johann vor der ewigen Verdammnis zu erretten. Sie wandten sich mithin alle beide nach der Gegend, wo der Aufstand tobte, und hatten nur einen einzigen Wunsch: dem Herrn von Bastarnay einen so namhaften Dienst zu erweisen, daß er ihnen mehr als ein Leben zu danken habe.

Die Flammen des Aufruhrs loderten, wie jeder weiß, in der Umgebung von Angoulême und Bordeaux, in der Guyenne und andern Orten des Königreichs, wo große Schlachten und Scharmützel zwischen den Aufrührern und den königlichen Heeren bevorstanden. Die Hauptschlacht, die auch den Krieg entschied und ihm ein Ende setzte, ward zwischen Ruffec und Angoulême geschlagen, wo alle Gefangenen gehängt oder sonstwie hingerichtet wurden. Diese Schlacht, die der alte Bastarnay befehligte, fand etwa im November statt, beiläufig sieben Monate nach der Ermordung des Priors Johann. Der alte Haudegen wußte wohl, daß er als erster Ratgeber des aufrührerischen Königssohns vorgemerkt war und daß man ihn einen Kopf kürzer machen wollte. Als nun die Seinen querfeldein flüchteten, sah sich der Alte mit eins von sechs Reisigen hart bedrängt, die alles daransetzten, ihn gefangenzunehmen. Da ward ihm klar, daß man ihn lebendig fangen wollte, um seiner ganzen Sippe den Prozeß zu machen, seinen Namen für alle Zukunft auszutilgen und seine Güter einzuziehen. Doch der hartbedrängte Ritter wollte lieber im Kampf ums Leben kommen, um so sein Geschlecht zu retten und seinem Sohn Leben und Grundbesitz zu erhalten. Er wehrte sich wie ein Löwe, der er wirklich war. Trotz ihrer Überzahl mußten die Kriegsknechte, als sie drei der Ihrigen fallen sahen, Bastarnay hart zu Leibe rücken, selbst auf die Gefahr hin, ihn tot niederzustrecken, und sie warfen sich alle zugleich auf ihn, nachdem sie seine beiden Knappen und einen Pagen erschlagen hatten. In dieser höchsten Gefahr fiel plötzlich ein Knappe mit dem Wappen derer von Rohan wie ein Blitz über die Angreifer her und schlug ihrer zweie nieder mit dem Ruf: »Gott schütze die Bastarnay!« Der dritte Kriegsknecht, der bereits den alten Bastarnay gepackt hielt, erhielt einen so wohlgezielten Hieb von dem Knappen, daß er seinen Gefangenen fahrenlassen und sich gegen den Knappen wenden mußte, dem er seinen Dolch in die Kehle stieß, da, wo die schützende Halsberge aufhörte. Bastarnay war ein zu ritterlicher Mann, als daß er hätte flüchten mögen, ohne zuvor dem Befreier seines Hauses zu Hilfe zu eilen; denn als er sich umwandte, sah er, daß sein Retter zu Tode verwundet am Boden lag. Da schlug er mit einem einzigen wuchtigen Keulenhieb den Kriegsknecht nieder, hob den sterbenden Knappen quer vor sich auf sein Roß und suchte das Weite, geleitet von einem Unbekannten, der ihn zum Schloß von La Rochefoucauld führte. Dort traf er nächtlicherweile ein und fand im großen Rittersaal Bertha von Rohan, die ihm diese Zuflucht vorbereitet hatte. Doch als er seinem Retter den Harnisch auszog, erkannte er Johanns Sohn, der auf dem Tisch seinen Geist aushauchte, nachdem er mit letzter Kraft noch seine Mutter geküßt und mit klar vernehmlicher Stimme gesagt hatte: »Mutter, wir sind ihm nichts mehr schuldig!«

Als die Mutter diese Worte hörte, umarmte sie den Leichnam dieses Kindes ihrer Liebe und vereinte sich für alle Ewigkeit mit ihm, denn sie starb vor Herzeleid, ohne sich an Bastarnays Verzeihung und Reue zu kehren.

Dies unfaßliche Unglück beschleunigte so sehr des armen Ritters letzte Tage, daß er die Thronbesteigung des guten Königs Ludwig des Elften nicht mehr erlebte. Er stiftete eine tägliche Messe in der Kirche von La Rochefoucauld, wo er Mutter und Sohn in der gleichen Grabstätte beisetzen und ihnen ein Grabmal errichten ließ, mit einer lateinischen Inschrift, in der viel Rühmliches über ihr Leben zu lesen steht.

Die Nutzanwendung, die man aus dieser Geschichte ziehen kann, sind für jedermanns Lebensführung höchst förderlich, weil nämlich dies alles beweist, wie höflich sich ein Edelmann allezeit gegen die Liebhaber seiner Frau verhalten soll. Überdies können wir daraus lernen, daß alle Kinder uns von Gott beschert sind und daß die Väter, wahre so gut wie unechte, keinerlei Recht haben, sie meuchlings umzubringen, wie seinerzeit in Rom durch ein abscheuliches heidnisches Gesetz verfügt ward, das aber der Christenheit gar schlecht ansteht, weil wir hier allesamt Gottes Kinder sind.

DIE SCHÖNE IMPERIA IM EHESTAND

I

Wie sich Frau Imperia selbst in den Netzen verfing, die sie ihren verliebten Täubern zu legen pflegte

Die schöne Frau Imperia, die so rühmlich und glorreich diese Geschichten eröffnet hat, weil sie Ruhm und Ehre ihrer Zeit war, mußte einst notgedrungen romwärts ziehen und in dieser Stadt Aufenthalt nehmen. Das ergab sich kurz nach Abschluß des Konzils; denn der Kardinal von Ragusa war so toll in sie verliebt, daß er eher seinen Kardinalshut hergegeben, als auf sie verzichtet hätte und sie immerzu um sich haben wollte. Dieser Mordskerl im geistlichen Gewande war so prunkliebend und großspurig, daß er ihr den prachtvollen Palast zum Geschenk machte, den sie in der genannten Stadt Rom ihr eigen nannte.

Um jene Zeit widerfuhr ihr das Unglück, daß sie von dem Kardinal geschwängert ward. Wie alle Welt weiß, endete diese Schwangerschaft mit einer schönen Tochter, von welcher der Papst scherzweise sagte, man müßte sie eigentlich *Theodora,* das will sagen: ›Geschenk Gottes‹ taufen. So wurde das Mägdlein denn auch genannt und blühte zu einem bildschönen Jungfräulein heran. Der Kardinal setzte sein Töchterlein zur Erbin aller seiner Besitztümer ein, und die schöne Imperia wies Frau Theodora ihren eigenen Palast zum

Wohnsitz an, während sie eiligst aus dieser Stadt flüchtete. Rom sei ein Ort der Verderbnis und des Schreckens, sagte sie, man laufe da Gefahr, Kinder zu kriegen; es habe nicht viel gefehlt, und sie hätte ihre liebreizende Gestalt eingebüßt und wäre um ihre weitberühmten Leibesgaben gekommen: die geschmeidigen Hüften, den makellosen Rücken, die zierlichen Brüste, die schlanken und biegsamen Gliedmaßen, um alle die Rundungen und heimlichen Reize ihres Leibes, die sie so hoch über alle Frauen der Christenheit erhöben, wie der Heilige Vater über alle Christenleute erhaben sei. Doch wußten ihre Verehrer, daß sie dank dem Beistand von elf Doktoren aus Padua, sieben Heilkundigen aus Pavia und fünf Wundärzten, die von überall herbeigerufen worden waren, auf daß sie ihr bei der Entbindung und im Wochenbett Hilfe leisteten, vor allem Schaden bewahrt blieb. Ja, manche behaupteten, sie habe noch gewonnen an vollendeter Feinheit und Weiße der Haut. Ein weltberühmter Gelehrter aus der Schule von Salerno schrieb darüber ein Buch, in welchem er bewies, wie günstig und bekömmlich das Kinderkriegen der Jugendfrische, Gesundheit, Wohlgestalt und Schönheit der edlen Damen sei. Aus dieser hochgelehrten Scharteke erhellte den Lesern, daß das Schönste, was an Frau Imperia zu sehen war, just das war, was nur ihr Beischläfer anschauen durfte. Und dieser Fall trat nur selten ein, denn sie kleidete sich den deutschen Fürsten zuliebe gar nicht erst aus, von denen sie geringschätzig nur als von ihren Markgräflein, Burggrafen, Kurfürsten und Herzöglein redete, wie etwa ein Feldhauptmann von seinen Söldnern spricht.

Jeder weiß auch, daß die schöne Theodora, als sie ins achtzehnte Lebensjahr gekommen war, für das leichtfertige Leben ihrer Mutter Sühne leisten und darum ins Kloster gehen wollte, wobei sie all ihren Besitz der Abtei der Klarissinnen zu vermachen gedachte. In dieser Absicht gab sie sich in die Hände eines Kardinals, der sie auf ihr frommes Klosterdasein vorbereiten sollte. Dieser schlechte Hirte fand sein Schäflein so über alle Maßen schön, daß er ihr Gewalt anzutun versuchte. Da machte Theodora mit einem Dolchstoß ihrem Leben ein Ende, denn sie wollte nicht von dem obgenannten Pfaffen besudelt werden. Diese Begebenheit, die in den Chroniken jener Zeit aufgezeichnet ist, jagte die Stadt Rom in argen Schrecken und versetzte alle in Trauer, so sehr wurde die Tochter der Frau Imperia geliebt.

Damals kehrte die vornehme Buhlerin gramgebeugt nach Rom zurück, um dort ihre arme Tochter zu beweinen. Sie ging zu jener Zeit in ihr neununddreißigstes Jahr und prangte, wie die zeitgenössischen Autoren einhellig überliefern, im höchsten Glanz ihrer unvergleichlichen Schönheit, weil dazumal alles an ihr auf dem Höhepunkt der Vollkommenheit angelangt war wie bei einer vollreifen, köstlichen Frucht. Der Schmerz machte sie hoffärtig und abweisend gegen alle Männer, die ihr von Liebe sprachen, um ihre Tränen zu trocknen. Der Papst suchte sie höchstselbst in ihrem Palast auf, um ihr etliche trostreiche Worte zu spenden. Doch verharrte sie in ihrer Trauer und erklärte, sie wolle fortan nur noch Gott angehören; denn noch von keinem Manne sei ihr volle Befriedigung zuteil geworden, so viele sie ihrer auch kennengelernt habe, weil alle, sogar ein junger Pfaffe, der sie angebetet habe gleich einem Heiligenschrein, sie zu guter Letzt betrogen und enttäuscht hätten, wohingegen Gott sie nimmermehr betrügen und enttäuschen werde. Solcher Entschluß ließ alle ihre Verehrer erbeben, denn sie war Freude und Trost zahlloser edler Ritter und Herren. Und begegneten einander zwei auf der Straße, so hieß es: »Wie steht's um die schöne Frau Imperia? Wird sie die Welt arm machen und gänzlich der Liebe berauben?« Ja, es gab sogar Botschafter, die ihren Herren darüber lange Berichte erstatteten. Der Römische Kaiser war tief betroffen, weil er volle elf Wochen lang wie ein Süchtiger mit Frau Imperia gebuhlt, sie auch nur verlassen hatte, um in den Krieg zu ziehen, und weil er sie immer noch liebte wie das kostbarste Glied seines Körpers, welches, dem Gerede seiner Höflinge zum Trotz, das Auge war; denn es konnte, wie er sagte, seine teure Imperia zur Gänze umfangen.

In dieser äußersten Not ließ der Heilige Vater einen hispanischen Arzt rufen und führte ihn der schönen Imperia zu. Dieser bewies klug und gewandt, mit wohlerwogenen Gründen und gespickt mit lateinischen und griechischen Zitaten, daß solches Weinen und Kümmern der Schönheit abträglich sei und daß sich durch das Pförtlein der Verbitterung mit Sicherheit die Runzeln und Fältchen einschlichen.

Dieser Lehrsatz, der von den gelehrten Doktoren in einer Disputation des Heiligen Kollegiums eifrig erörtert und schließlich bestätigt wurde, hatte die gewünschte Wirkung: noch am Abend desselben Tages taten sich die Türen des Palastes wieder auf. Die jungen Kardinäle, die Gesandten der fremden Länder, die begüterten Leute und die hochmögenden Ritter der Stadt Rom stellten sich alsbald ein, füllten die Säle und veranstalteten ein prächtiges Fest; das niedere Volk aber zündete Freudenfeuer an. Dergestalt feierte alt und jung, daß die Königin der Lust zu ihrer Tätigkeit zurückgekehrt war, denn zu jener Zeit war sie die höchste Herrin der Liebe. Die Handwerker jedes Gewerbes waren ihr sehr zugetan, da sie ansehnliche Summen für den Bau einer Kirche in jener Stadt ausgab, wo das Grabmal der Theodora zu sehen war. Dieses ward späterhin bei der Plünderung Roms zerstört, als auch der verräterische Konnetabel von Bourbon das Leben lassen mußte; die fromme Jungfrau war nämlich in einem Sarg aus reinem vergoldetem Silber beigesetzt worden, den die verdammten Soldknechte als Beute haben wollten. Diese großartige Basilika kostete, hieß es, mehr als die Pyramide, die einstmals von der schönen Rhodope, einer ägyptischen Buhlerin, erbaut wurde, achtzehnhundert Jahre vor der Menschwerdung unseres Erlösers, was für das hohe Alter dieses lustigen Gewerbes zeugt und auch beweist, wie teuer die weisen Ägypter ihre Freuden bezahlten und wie seither alles im Preis gesunken ist, sintemal einer heutzutage in der Hurengasse zu Paris ein Hemd voll weißes Fleisch schon um einen roten Heller kriegen kann. Ist das nicht ein Jammer?

Noch nie war Frau Imperia so wunderschön in Erscheinung getreten wie an diesem ersten Fest nach ihrer Trauerzeit. Alle Prinzen, Kardinäle und andern Fürstlichkeiten erklärten, sie sei würdig der Huldigung des ganzen Erdenrunds, das bei ihr vertreten war durch einen hohen Herrn aus jedem bekannten Lande, und so ward hinlänglich dargetan, daß allerorten die Schönheit aller Dinge Königin sei. Der Gesandte des Königs von Frankreich, ein jüngerer Sohn aus dem Geschlecht derer von Isle-Adam, kam erst zu später Stunde, obwohl er Frau Imperia noch nie zu Gesicht bekommen hatte und höchst neugierig war, sie kennenzulernen. Er war ein schmucker junger Ritter, der des Königs Wohlgefallen erweckt hatte. Auch hatte er bei Hofe ein Liebchen, dem er mit zärtlicher Innigkeit zugetan war, eine Tochter des Herrn von Montmorency, dessen Güter an die Besitztümer des Hauses von Isle-Adam grenzten. Diesem jüngern Sproß, der völlig mittellos war, hatte der König etliche Aufträge im Herzogtum Mailand anvertraut, deren er sich so klug und umsichtig entledigt hatte, daß er deswegen soeben als Gesandter nach Rom geschickt worden war, um die wichtigen Verhandlungen voranzutreiben, von denen die Geschichtsschreiber in ihren Büchern des langen und breiten berichtet haben. Wenn schon nun der arme hübsche Junker von Isle-Adam auf Erden nichts sein eigen nannte, so baute er doch auf einen so guten Anfang. Er war schmächtig von Gestalt, aber gerade gewachsen und schlank wie eine Säule, braunhäutig, hatte kohlrabenschwarze Augen, die wie zwei Sonnen strahlten, und einen Prachtbart, würdig eines alten Legaten, dem man kein X mehr für ein U vormachen kann. Zu all seiner Schlauheit hatte er obendrein noch das Gehabe eines unverdorbenen Kindes, und das machte ihn liebenswert und reizend wie ein kleines lachlustiges Mägdlein. Sowie Frau Imperia den Junker erblickte, der so unbekümmert durch die Säle

Jean-Honoré Fragonard, *Der heimliche Kuß,* um 1788
Foto: AKG, Berlin/Erich Lessing

schlenderte, fühlte sie sich von einem übermächtigen Verlangen gepackt, das heftig an ihre Laute rührte und ihr einen Klang entlockte, den sie seit langem nicht vernommen hatte. Drum wurde sie beim Anblick dieser frischen Jugend von echter Liebe gepackt, und hätte sie nicht gefürchtet, ihrer kaiserinnenhaften Würde etwas zu vergeben, so wäre sie schnurstracks zu ihm hingelaufen und hätte ihn auf seine lieben Backen geküßt, die leuchteten wie zwei rotwangige Äpfelchen.

Nun müßt ihr aber eins wissen: Die sogenannten keuschen und züchtigen Frauen, die Damen mit wappengestickten Röcken, leben in vollkommener Unkenntnis der wahren Natur des Mannes, weil sie sich nur an einen einzigen halten, wie die Königin von Frankreich, die glaubte, alle Männer seien stinkend, weil ihr Gemahl, der König, übel roch. Eine so erfahrene Buhlerin aber wie Frau Imperia kannte die Männer von Grund auf, weil sie mit einer erklecklichen Anzahl von ihnen zu tun gehabt hatte. In ihrer Schlafkammer waren sie samt und sonders weniger geschämig als ein Köter, der seine eigne Mutter bespringt, und jeder zeigte sich so, wie er von Natur war, weil er sich sagte, er sehe sie ja nun lange Zeit nicht mehr. Solche Erniedrigung und Dienstbarkeit hatte sie oftmals und immer wieder bitter beklagt und geäußert, die Männer seien für sie nicht so sehr eine Lust als vielmehr eine Last, sie verdiene weniger Neid, sondern eher Mitleid. So sah eben die Kehrseite ihres Lebens aus. Bedenkt auch, daß mancher Liebhaber eine ganze Maultierlast Goldtaler anschaffen mußte, um eine Nacht in ihrem Bett zu verbringen, und nicht selten blieb einem Anwärter, den sie abwies, nichts anderes übrig, als sich die Kehle durchzuschneiden.

So war das Beseligende für sie, daß sie noch einmal eine gleiche Liebe wie in ihrer Jugend verspüren konnte, so stark wie damals, als sie sich in das junge Pfäfflein verliebt hatte, von dem die Geschichte ganz zu Beginn dieser ergötzlichen Sammlung berichtet. Da sie aber inzwischen älter geworden und erfahrener war als in jener langvergangenen schönen Zeit, loderte auch die Liebe viel jäher und leidenschaftlicher in ihr auf, und sie erkannte alsbald, daß sie in ihr weiterfraß wie lichterlohe Feuersbrunst. Denn gleich spürte sie, wie es sie versengte, und es war ihr in ihrer Haut so wohl zumute wie einer Katze, der man das Fell über die Ohren zieht; hätte sie sich's getraut, so wäre sie am allerliebsten dem Junker um den Hals gesprungen und hätte ihn in ihr Bett getragen, wie ein Falke seine Beute fortträgt. Doch hielt sie an sich und bezwang ihre verliebte Ungeduld. Als er nun zu ihr trat und sie begrüßte, stellte sie hoffärtig den Kamm und panzerte sich mit ihrer erhabensten Majestät, wie jede Frau, wenn sie eine keimende Liebe im Herzen trägt. Dies würdevolle Gehabe, das sie gegen den jungen Gesandten zur Schau trug, wirkte dermaßen auffällig, daß manche glaubten, sie habe ihm ein hochwichtiges Anliegen zu unterbreiten oder müsse ihm etwas Dringliches auseinanderlegen, und was solcher hämisch-zweideutiger Anspielungen noch mehr waren, wie sie ja zu jener Zeit im Schwange waren.

L'Isle-Adam, der sich von seiner Herzallerliebsten innig geliebt wußte, scherte sich keinen Deut darum, ob Frau Imperia ernst oder übermütig, feierlich oder mutwillig aufgelegt war, und vergnügte sich wie eine Ziege, die man von ihrem Pflock losgebunden hat. Dies verdroß die Buhlerin sehr, und sie zog andere Saiten auf. Statt streng und hochfahrend gab sie sich nun zuckersüß und liebenswürdig. Sie hielt sich, wo es nur anging, in seiner Nähe, legte die schmelzendsten Töne in ihre Stimme, verschlang ihn mit den Augen, wiegte ihr Köpfchen, strich mit dem Ärmel an ihm hin, redete ihn mit »gnädigster Herr« an, wickelte ihn mit seidenweichen Worten ein, sie spielte mit ihren Fingern in seiner Hand und lächelte ihn zu guter Letzt verheißungsvoll an. Der Junker aber ließ sich nicht träumen, daß ihr der Sinn nach einem so geringen Buhlen stand, daß ein Junker Habenichts wie er überhaupt in ihren Augen Gnade zu finden hoffen durfte, wußte er doch nicht, daß seine Schönheit alles Gold der Welt für sie aufwog. Deshalb ließ er sich nicht umgarnen, sondern verhielt sich trotzig, stolz und spröde und blieb unnahbar und abweisend wie zuvor. Solche Verkennung ihrer Verliebtheit erzürnte die schöne Frau im tiefsten Herzen, und nun fing sie erst recht Feuer. Wenn ihr daran Zweifel hegt, so nur deshalb, weil ihr eben nichts vom Gewerbe der schönen Imperia versteht. Sie hatte es schon so oft gemacht, daß man sie zu Recht mit einem Kamin vergleichen kann, in dem schon unzählige lustige Feuerlein angezündet worden sind und die ihn ganz verrußt haben; und in diesem Zustand genügt ein Funken, um alles in Brand zu setzen, wo bisher hundert Reisigbündel ohne Schaden gebrannt haben. Sie stand von Kopf bis Fuß in hellen Flammen, und dieses lodernde Feuer konnte durch nichts gelöscht werden als nur durch das Wasser der

Liebe. Der Junker von Isle-Adam aber ahnte nichts von dieser Glut, die in ihr wütete, und nahm Abschied von der schönen Frau. Sie verlor, aus Verzweiflung über seinen Weggang, völlig alle Fassung von Kopf bis Fuß und sandte ihm Leute nach, die ihn überall auf den Straßen suchen und ihm bestellen sollten, er möge zurückkommen und mit ihr diese Nacht das Lager teilen. Verlaßt euch drauf: Zeit ihres Lebens hatte sie niemals so kleinmütig gehandelt, für keinen König, keinen Papst und keinen Kaiser, weil ja der hohe Preis, den der Besitz ihres Leibes kostete, auf der Knechtschaft beruhte, in der sie die Männer hielt, und je tiefer sie ihre Anbeter demütigte und beugte, um so höher stieg sie in ihrem Wert.

So wisperte denn die erste Kammerzofe, ein pfiffiges und ausgepichtes Frauenzimmer, diesem Kostverächter ins Ohr, er werde, wenn nicht alles trüge, eine wunderherrliche Nacht verleben, denn sonder Zweifel werde ihm die gnädige Frau mit ihren erlesensten Liebeskünsten aufwarten. Hocherfreut über diesen unerwarteten Glücksfall eilte der Junker von Isle-Adam in den Palast zurück. Als sich der Gesandte Frankreichs wieder blicken ließ, erhob sich ein wahrhafter Freudensturm, denn jedermann hatte beobachtet, wie Frau Imperia bei seinem Abschied erblaßt war. Jetzt waren sie alle froh, weil sie offenkundig ihr altgewohntes verliebtes Leben wiederaufnehmen wollte. Ein englischer Kardinal, der schon mehr als einen dickbäuchigen Krug leergeschlürft hat und nun gar zu gern die schöne Imperia gekostet hätte, trat zu dem Junker heran und zischelte ihm ins Ohr: »Zwiebelt sie nur recht tüchtig, damit sie Euch nicht in die Binsen geht!«

Was sich in dieser Nacht alles zugetragen hat, wurde dem Papst bei seinem morgendlichen Empfang erzählt, und er erwiderte darauf: *»Laetamini, gentes, quoniam surrexit Dominus«*, über welches Zitat sich die alten Kardinäle als über eine Profanation der Heiligen Schrift über die Maßen entsetzten und es schlechthin abscheulich fanden. Als dies der Heilige Vater gewahrte, kanzelte er sie ab nach Noten und nahm die Gelegenheit wahr, ihnen tüchtig die Leviten zu lesen: sie seien vielleicht, meinte er, gute Christen, bestimmt aber schlechte Politiker. Tatsache ist, daß er mit der schönen Imperia rechnete, um den Kaiser seinen Plänen gefügig zu machen, und in dieser Absicht schmierte er der Buhlerin Honig um den Mund und trug die Schmeicheleien faustdick auf.

Als es im Palast überall dunkel geworden war, als die goldenen Becher am Boden herumlagen und die betrunkenen Gäste auf den Teppichen ihren Rausch ausschliefen, betrat die schöne Frau ihr Schlafgemach. An der Hand führte sie ihren erwählten Herzensfreund, und so selig war sie, so liebestoll, daß sie später gestand, sie hätte sich am liebsten auf den Boden hingelegt wie ein Tier und ihn geheißen, er möge sie zertreten, wenn es nur möglich gewesen wäre. Der Junker tat seine Kleider ab und legte sich ins Bett, als wäre er hier zu Hause.

Als das Imperia sah, sprang sie ungeduldig von der Estrade herab, zertrampelte ihre Gewänder, die sie sich vom Leibe gerissen hatte, und stürzte sich mit solch hemmungsloser Gier in den Liebeskampf, daß ihre Zofen sich baß darüber verwunderten, kannten sie ihre Herrin doch sonst gar nicht von dieser Seite, sondern wußten vielmehr, daß sie im Bett zuweilen recht zimperlich tat und so spröde war wie keine andere. Dies Erstaunen ergriff das ganze Land, denn die beiden Verliebten blieben volle neun Tage und Nächte beisammen im Bett, aßen, tranken und trieben miteinander das schöne alte Spiel auf eine wahrhaft meisterliche, staunenswert vollkommene Art.

Frau Imperia gestand nachher ihren Kammerfrauen, sie habe da einen wahren Vogel Phönix der Liebe in die Hand bekommen, denn sooft er auch gestorben sei, jedesmal sei er sogleich verjüngt wiedererstanden.

In Rom, ja in ganz Italien war nur noch die Rede von diesem Sieg über die schöne Imperia, die sich gerühmt hatte, keinem Manne gegenüber werde sie sich jemals etwas vergeben, und sie spucke auf alle Mannsbilder, nicht zuletzt auf die Herzöge. Denn was die vorerwähnten Burg- und Markgrafen anlange, so erlaube sie ihnen höchstens, ihr die Schleppe zu tragen, weil, so sagte sie, diese eingebildeten Gernegroße ihr auf der Nase herumtanzen würden, wenn sie ihnen nicht zeige, wo Barthel den Most holt. Die schöne Frau machte ihren Zofen auch das Geständnis, diesmal ergehe es ihr gerade umgekehrt wie bei allen andern Männern, so viele sie bis zum heutigen Tag erduldet habe; je mehr sie diesen Herzkäfer herze und küsse, um so größer sei die Lust, ihn immer und immer wieder zu herzen und zu küssen. Sie könne gar nicht mehr ohne ihn sein, könne seine strahlenden Augen, die sie blendeten, nimmermehr missen, und ohne sein Korallenstänglein, nach dem sie Tag und Nacht hungere und dürste, möge sie keine Stunde länger leben. Noch andere ungereimte Reden führte sie, sagte beispielsweise, sie würde ihn, wenn ihn die Lust danach ankäme, ihr Blut aussaugen und ihre Brüste aufzehren lassen, die schönsten Brüste auf der weiten Welt, sie ließe ihn ihre Haare abschneiden, von welchen sie nur einmal ein einziges hergeschenkt habe, ihrem guten Römischen Kaiser nämlich, der es seither wie eine kostbare Reliquie um den Hals trage. Endlich gestand sie, erst in dieser herrlichen Nacht habe ihr wahres Leben angefangen, weil dieser Junker Villiers von Isle-Adam sie zutiefst aufgewühlt habe beim Liebesspiel und ihr das Blut dreimal zum Herzen jage in der kurzen Spanne Zeit, die zwei Fliegen brauchen, um sich aneinander zu reiben. Solche und ähnliche Aussprüche machten die Runde in Stadt und Land, und wer sie hörte, war darob von Herzen betrübt.

Als sich Imperia zum erstenmal wieder öffentlich blicken ließ, erklärte sie den römischen Damen, wenn dieser Edelmann sie je verließe, stürbe sie eines elenden Todes: wie einst Königin Kleopatra würde sie sich von einem Skorpion oder einer giftigen Natter stechen lassen. Zum Schluß erklärte sie unverblümt, sie sage für immer und ewig ihrem tollen Leben Valet; sie werde der ganzen Welt zeigen, was es mit der Tugend auf sich habe, indem sie um dieses Junkers willen ihrer schönen Herrschaft entsage, denn sie wolle tausendmal lieber seine Dienstmagd sein, als über die ganze Christenheit regieren. Eine solche echte Liebe zu einem einzigen Mann im Herzen einer Frau, die allen Männern zur Freude bestimmt sei, hielt dem Papst der englische Kardinal vor, sei eine Schande und ein schmählicher Abstieg, und er müsse durch ein

François Boucher, *Ruhendes Mädchen,* 1751
Foto: AKG, Berlin

Breve in partibus diese Heirat vierfach für null und nichtig erklären, weil sie nämlich für die ganze Welt zu einer Strafe werde. Doch die Liebe dieser armen Buhlerin, die nun so aufrichtig das bittere Elend ihres liebelosen Lebens eingestand, war etwas so Herzerquickendes und ging auch dem ärgsten Lästermaul und Bösewicht so zu Herzen, daß alles Gerede davor verstummte und ihr jeder das gefundene Glück verzieh.

Eines Tages zur Fastenzeit ließ die schöne Imperia all ihr Gesinde fasten und befahl ihm, zur Beichte zu gehen und sich zu Gott zu bekehren; dann warf sie sich dem Papst zu Füßen und bereute so zerknirscht ihren verbuhlten Wandel, daß sie von ihm gänzliche und vollkommene Vergebung aller ihrer Sünden erlangte; sie glaubte nämlich fest daran, daß die Absolution des Heiligen Vaters ihrer Seele die Jungfräulichkeit zurückgeben könne, die sie zu ihrem Leidwesen dem geliebten Freund nicht mehr darzubringen vermochte. Doch muß man wohl annehmen, daß die kirchliche Sündenwäsche etwelche Wirkung hatte, denn der Junker ward mit so unentrinnbaren Netzen umgarnt, daß er sich wie im Himmelreich fühlte; er ließ die Verhandlungen für den französischen König unerledigt, ließ seine Liebe zum Fräulein von Montmorency erkalten, um Frau Imperia zu ehelichen und mit ihr zu leben und zu sterben.

Dergestalt erreichte also die große Buhlerin ihr Ziel, dank ihrem wohlbedachten und klug ersonnenen Verhalten und dank ihren Erfahrungen, die sie zum erstenmal zu Nutz und Frommen einer echten und aufrichtigen Liebe verwendete.

Frau Imperia nahm Abschied von ihren Anbetern, von ihren Verehrern und Gönnern und gab ihnen allen ein letztes königliches Fest zur Feier ihrer Hochzeit, an der sogar die italienischen Fürsten teilnahmen; es war ein märchenhaftes, unerhört prächtiges und rauschendes Fest. Sie besaß – so hieß es – gut und gern eine Million Golddukaten. Angesichts dieser ungeheuerlichen Summe schalt keiner den Junker Isle-Adam, sondern alle Welt wünschte ihm Gottes Segen, und niemand neidete ihm sein Glück, zumal offen zutage lag, daß weder Frau Imperia noch ihr junger Gemahl an diese großen Reichtümer dachten, so ausschließlich kreisten ihre Gedanken um ihr Hauptanliegen. Der Papst segnete ihren Ehebund und sprach dabei, es sei erhebend zu sehen, wenn eine Buhlerin zu guter Letzt sich zu Gott bekehre und im heiligen Ehestand ihre Sünden büße.

Doch gab es in dieser letzten Nacht, da es allen noch einmal vergönnt war, die Königin der Schönheit zu sehen, die nun als einfache Schloßherrin nach Frankreich ziehen wollte, manche Herren, denen es bitter leid tat um die ausgelassenen Nächte, die Zechgelage, Maskenfeste, übermütigen Streiche und lauschigen Stunden, wo ihr jeder sein Herz ausschütten durfte. Sie gedachten voll Wehmut all der Annehmlichkeiten, die sie bei diesem gottbegnadeten Geschöpf gefunden hatten, das schöner und verlockender erschien als im Lenz ihres Lebens, strahlte sie doch vor Glück und Seligkeit wie die Sonne.

Nicht wenige wehklagten, weil sie die betrübliche Laune angekommen war, tugendhaft und ehrbar ihr Leben zu beschließen. Denen allen hielt Frau Imperia scherzend vor, nach vierundzwanzig Jahren, die sie darauf verwendet habe, zum öffentlichen Wohlergehen beizutragen, habe sie es nun wahrhaftig verdient, daß man ihr die langentbehrte Ruhe gönne. Etliche begehrten auf, die Sonne, so weit sie auch von der Erde entfernt sei, wärme und erquicke doch alle Menschen, während sie fortan unerreichbar und unsichtbar bleiben werde. Denen gab sie zur Antwort, sie werde auch in Zukunft immer noch ein Lächeln für die edlen Herren übrig haben, die zu ihr kämen und sehen möchten, wie sie ihre Rolle als züchtige Hausfrau spiele. Darauf erwiderte der englische Gesandte, sie sei zu allem imstande, sogar die Tugend bis zum äußersten zu treiben.

Sie hinterließ jedem ihrer Freunde ein Geschenk und vermachte auch beträchtliche Summen den Armen und Notleidenden in Rom. Hierauf verschrieb sie dem Kloster, in das ihre Tochter hätte aufgenommen werden sollen, und der Kirche, die sie erbaute, das Geld, das sie von Theodora ererbt hatte und das vom Kardinal von Ragusa stammte.

Als die beiden Neuvermählten ihre Reise antraten, gaben ihnen trauernde Ritter und sogar eine Menge Volks ein großes Stück Wegs das Geleit, und alle wünschten ihnen von Herzen Glück und Wohlergehen, denn Frau Imperia hatte nur gegen die Großen und Mächtigen Härte gezeigt, gegen die Armen war sie jederzeit mildtätig und voll Erbarmen gewesen. Desgleichen wurde diese Königin der Liebe in allen Städten Italiens gefeiert, durch die sie auf ihrer Reise kam. Das Gerücht von ihrer Bekehrung hatte sich nämlich weitherum verbreitet, und jeder war neugierig, die beiden wahrhaft liebenden Gatten zu sehen, so selten war dieses Geschehnis.

Unterschiedliche Fürstlichkeiten empfingen an ihrem Hofe das anmutige Paar. Dieser Frau, so sagten sie, gebühre alle Ehre, habe sie doch den Mut aufgebracht, ihrer Herrschaft über die gesamte Männerwelt zu entsagen, um eine ehrbare Frau zu werden. Doch fand sich unter ihnen ein lausbübischer Geselle, der edle Herr Herzog von Ferrara, der dem Junker von Isle-Adam hämisch zu verstehen gab, sein großes Vermögen habe ihn nicht viel Mühe gekostet. Auf diese Beleidigung hin – die erste, die ihr angetan wurde – zeigte Frau Imperia, wie hochherzig sie gesinnt war. Sie stiftete nämlich, bis auf den letzten Taler, das ganze große Vermögen, das sie mit ihrem Gewerbe erworben und ihren Liebhabern abgenommen hatte, zur Ausschmückung des Doms von Santa Maria del Fiore in der Stadt Florenz, wodurch sie den edlen Herrn von Este dem allgemeinen Gespött preisgab, weil er sich, trotz seinen schäbigen Einkünften, gebrüstet hatte, er werde eine Kirche bauen. Verlaßt euch drauf, daß er um dieser Prahlerei willen von seinem Bruder, dem Kardinal, heftig getadelt wurde. Die schöne Imperia behielt lediglich ihren eigenen Besitz für sich und dazu noch die Güter, die ihr der Kaiser nach seiner Abreise aus reiner Freundschaft verehrt hatte; auch die waren freilich noch recht ansehnlich. Der Junker von Isle-Adam aber forderte den genannten Herzog zum Zweikampf und verwundete ihn. So konnte man weder der Frau von Isle-Adam noch ihrem Gatten auch nur den leisesten Vorwurf machen. Dieses ritterliche Verhalten verschaffte ihr überall, wo sie vorüberkam, einen begeisterten Empfang, vornehmlich im Piemont, wo die Festlichkeiten mit großem Aufwand begangen wurden. Alle Dichter besangen sie in Sonetten, Epithalamis und Oden, und diese Verse wurden auch in zeitgenössischen Gedichtsammlungen gedruckt; doch wirkte alle Dichtkunst nur wie ein schwacher Abglanz ihrer Schönheit, war sie doch, wie Messer Boccaccio sagt, die leibhaftige Poesie selbst.

Der Preis dieses Wettstreites an Festen und galanten Huldigungen gebührte dem guten Römischen Kaiser. Er hatte von der törichten Beleidigung des Herzogs von Ferrara gehört und daraufhin seiner vielgeliebten Freundin einen Boten mit einem lateinischen Handschreiben gesandt, worin er ihr kundtat, er liebe sie so um ihrer selbst willen, daß er sich von ganzem Herzen freue, sie glücklich zu wissen. Er sei aber traurig, weil nicht er ihr Glück habe begründen können. Er habe ja nun kein Recht mehr, sie zu beschenken; doch wenn ihr etwa der König von Frankreich die kalte Schulter zeige, so werde er sich eine hohe Ehre daraus machen, einen Villiers dem Heiligen Römischen Reich zu gewinnen; er werde ihm jedes Fürstentum verleihen, das er sich unter seinen Krongütern auswählen wolle. Darauf antwortete ihm die schöne Imperia, sie wisse wohl, wie groß und mächtig der Kaiser sei, doch sie sei gesonnen, ihr Leben in Frankreich zu beschließen, und müßte sie auch tausend Kränkungen dafür in Kauf nehmen.

II

Was für ein Ende diese Heirat nahm

Da die edle Frau von Isle-Adam nicht wußte, ob sie bei Hofe gut empfangen würde oder nicht, wollte sie sich dort überhaupt nicht zeigen, sondern zog es vor, auf dem Lande zu leben, wo ihr Gatte ihr die Herrschaft Beaumont-le-Vicomte kaufte, was Anlaß zu einem sinnreichen Wortspiel über diesen Namen bot, wie unser vielgeliebter Meister Rabelais in seinem prachtvollen Buch berichtet. Dann erwarb der Junker noch die Herrschaft Nointel, den Wald von Carenelle, Sankt Martin und andere Ortschaften in der Nachbarschaft von Isle-Adam, wo sein Bruder Villiers wohnte. Diese Erwerbungen machten ihn zum mächtigsten Grundherrn der Isle de France und der Vizegrafschaft Paris. Er baute ein wunderschönes Schloß unweit Beaumont, das nachmals von den Engländern zerstört wurde, und schmückte es mit reichem Hausrat, Zieraten, fremdländischen Teppichen, Truhen, Gemälden, Statuen und andern sehenswerten Kunstgegenständen seiner Frau, die in solchen Dingen eine gute Kennerin war, wodurch dieses Schloß den prächtigsten bekannten Schlössern ebenbürtig ward. Die beiden Eheleute führten ein allerseits beneidetes Leben, so daß in der Stadt Paris und am Hofe nur noch von dieser Ehe und vom Glück des Herrn von Beaumont die Rede war und vor allem von dem vollkommenen, ehrsamen, anmutigen und frommen Lebenswandel seiner Frau, die manche nach alter Gewohnheit immer noch Imperia nannten. Doch war sie nun nicht mehr so hochfahrend und stolz wie ehemals, sondern besaß jetzt alle Tugenden und Eigenschaften einer unbescholtenen und vornehmen Hausfrau, so daß manche Königin noch hätte von ihr lernen können. In hohen Ehren stand sie bei der Kirche wegen ihrer großen Frömmigkeit; denn sie hatte sich zu keiner Zeit ihres Lebens von Gott abgekehrt, da sie ja, wie sie vorzeiten zu sagen pflegte, oft genug mit geistlichen Herren, Äbten, Bischöfen und Kardinälen, Umgang gepflogen habe, die ihr geweihtes Wasser in ihre Muschel gespendet und zwischen zwei Bettlaken eindringlich das ewige Seelenheil gepredigt hätten.

Das Lob, das dem König allenthalben von dieser Dame gesungen wurde, machte ihn begierig, dieses Weltwunder mit eigenen Augen zu sehen; er kam ins Beauvoisis und erwies dem Herrn von Beaumont die Gnade, in seinem Schloß über Nacht zu bleiben. Er weilte drei Tage lang bei ihm und hielt eine königliche Jagd ab, an der auch die Königin und der ganze Hofstaat teilnahmen. Ihr könnt mir ruhig glauben, daß der König, die Königin, die Damen und der ganze Hof höchst erbaut waren von den Umgangsformen der schönen Schloßherrin, die, wie alle laut verkündeten, eine ausnehmend adlige, züchtige und herrlich schöne Frau war. Der König und nach ihm auch die Königin und alle Höflinge konnten dem Junker Isle-Adam nicht genug Glück wünschen, daß er eine so vorbildliche Frau bekommen hatte. Das bescheidene Auftreten der Schloßherrin richtete mehr aus als früher ihr Stolz, denn sie wurde eingeladen, bei Hofe zu erscheinen, und auch überall sonst ging sie als willkommener Gast aus und ein, so gebieterisch warb ihr hochherziger Sinn, so zwingend wirkte ihre leidenschaftliche Liebe zu ihrem Gemahl. Ihre Reize, verborgen unter den Hüllen der Tugend, kamen nur desto lieblicher zur Geltung, glaubt mir's nur! Der König gab das freigewordene Amt seiner Statthalterschaft in der Isle de France und der Vogtei zu Paris seinem ehemaligen Gesandten, verlieh ihm auch den Titel eines Vizgrafen von Beaumont, wodurch er Statthalter der ganzen Provinz wurde und bei Hofe in eine angesehene und einflußreiche Stellung emporstieg.

Gelegentlich dieses königlichen Besuches empfing aber die Frau von Beaumont eine schwere Wunde in ihr Herz. Ein Bösewicht, der mit neidischen Augen dies ungetrübte Glück sah, fragte sie hämisch, ob Beaumont ihr auch von seiner ersten Liebe zum Fräulein von Montmorency erzählt habe. Das Fräulein sei jetzt zweiundzwanzig Jahre alt, denn zur Zeit der Hochzeit in Rom habe sie sechzehn Lenze gezählt, und sie liebe ihn so sehr, daß sie Jungfrau geblieben sei, von einer Ehe nichts wissen wolle und sich in Verzweiflung und Sehnsucht nach ihrem Liebsten verzehre, weil sie ihn nicht vergessen und seinen Verlust nicht verwinden könne. Nun wolle sie im Kloster zu Chelles den Schleier nehmen.

In den sechs Jahren ihres Eheglücks hatte Frau Imperia noch kein einziges Mal diesen Namen gehört, und daraus erkannte sie, daß ihr Gatte sie aufrichtig liebte. Auch müßt ihr bedenken, daß den beiden Liebenden diese Zeit vergangen war wie ein einziger Tag, daß beide das Gefühl hatten, sie seien erst seit gestern verheiratet. Jede ihrer Nächte war eine Hochzeitsnacht, und mußte der Vizegraf einmal seinen Geschäften nachgehen und seine Frau allein daheim lassen, so ließ er den Kopf hängen, denn er konnte ihren Anblick nicht missen und ebensowenig sie den seinen.

Auch der König, der den Vizgrafen liebte und schätzte, sagte einmal etwas zu ihm, was ihm wie ein Dorn im Herzen zurückblieb. »Du hast keine Kinder?« fragte er ihn. Darauf entgegnete Beaumont, und er zuckte zusammen, als hätte man ihm den Finger in eine blutende Wunde gebohrt: »Gnädigster Herr, mein Bruder hat Söhne, und so ist unsere Nachkommenschaft gesichert.«

Nun traf es sich aber, daß die beiden Kinder seines Bruders eines plötzlichen Todes starben, der eine bei einem Turnier infolge eines Sturzes vom Pferd, der andere an einer Krankheit. Ihr Vater nahm sich ihren jähen Tod so zu Herzen, daß er daran starb, so sehr hatte er seine beiden Söhne geliebt. Infolgedessen fielen die Vizgrafschaft von Beaumont, die späteren Erwerbungen Nointel, Carnelle und Sankt Martin sowie die umliegenden Güter an die Herrschaft Isle-Adam samt den angrenzenden Waldungen, und der jüngere Sohn wurde als Haupt der Familie eingesetzt. Zu jener Zeit zählte Frau Imperia fünfundvierzig Jahre und war immer noch jung genug, Kinder zu gebären, so gesund und kräftig war ihre Leibesbeschaffenheit; doch empfing ihr Schoß nicht. Als sie nun das Geschlecht derer von Isle-Adam erlöschen sah, vermaß sie sich, trotz allem noch Nachkommenschaft zur Welt zu bringen. Da sie aber in den verflossenen sieben Jahren auch nicht das leiseste Anzeichen einer Empfängnis festgestellt hatte, so verfiel sie auf den Gedanken – und zwar auf den Rat eines gelehrten Arztes, den sie insgeheim aus Paris hatte kommen lassen –, solche Unfähigkeit zur Empfängnis rühre daher, daß sie beide, ihr Gatte und sie, immer noch eher wie zwei Frischverliebte und nicht wie Eheleute zusammen lebten und beim Liebesspiel so übermäßige Wollust empfänden, daß gerade dadurch eine Empfängnis verhindert werde. Nunmehr gab sich die gute Frau eine Zeitlang alle Mühe, dabei ruhig zu bleiben wie eine Henne, wenn sie der Hahn bespringt. Der Arzt hatte ihr nämlich klargemacht, die Tiere im Naturzustand könnten allemal jungen, weil die Weibchen keinerlei lüsterne Kunstgriffe anwenden, keine Reizmittel, keine Neckereien, Näschereien und allerliebsten Zutaten, womit die Damen die Oliven von Poissy würzen und pfeffern. Und darum, so meinte sie, würden sie ja auch *dumme Tiere* gescholten. Sie gelobte sich also, fortan nicht mehr mit seinem Korallenstänglein zu spielen und alle die sinneberückenden Sonderlüste der Beiwohnung zu unterlassen, die sie erfunden und ausgeprobt hatte. Ach! obschon sie brav und regungslos dalag gleich jener deutschen Ehefrau, die mit ihrem fühllosen und trägen Stillehalten schuld daran war, daß ihr Gatte sie zu Tode drillte und hernach zum Papst wallfahrten mußte, der Ärmste, um Absolution von dieser Sünde zu erbitten, worauf der Heilige Vater sein vielbeschrienes Breve erließ, in welchem er die Damen im Frankenlande ersuchte, sich beim Liebesspiel wenigstens so weit zu regen, daß solche Sünde nicht wieder vorkäme – obwohl, sagte ich, sie sich so mucksstill verhielt, empfing Frau von Isle-Adam mitnichten und geriet dadurch in arge Kümmernis. Auch fiel ihr allgemach auf, wie nachdenklich und besorgt zuweilen Isle-Adam umherging;

sie behielt ihn im Auge, wenn er sich unbeobachtet wähnte, und sah, daß er manchmal weinte, weil er keine Kinder sein eigen nennen durfte. Und da in dieser vorbildlichen Ehe den Gatten alles gemeinsam war, da sie auch allezeit unzertrennlich waren, so teilten sie sich stets alle ihre Gedanken und Kümmernisse mit, und es dauerte nicht lange, bis sie auch diesen Kummer zusammen trugen und ihre Tränen miteinander vermischten. Wenn Frau Imperia das Kind eines armen Mannes sah, wollte sie vor Kummer fast vergehen und brauchte einen ganzen Tag, bis sie darüber hinweggekommen war. Als der Herr von Isle-Adam diesen Jammer bemerkte, erließ er das Gebot, alle Kinder müßten sich von seiner Frau fernhalten, und er tröstete sein Weib mit liebreichen und begütigenden Worten, sagte ihr auch, Kinder gerieten oftmals übel. Darauf erwiderte sie ihm, ein Kind, das sie in ihrer grenzenlosen Liebe zeugen würden, wäre das allerschönste auf der Welt. Hielt er ihr entgegen, ihre Söhne könnten den Tod finden wie die seines armen Bruders, so versetzte sie, sie würde ihre Kinder nicht von ihrem Schürzenzipfel fortlassen, wie eine Glucke ihre Küken keinen Augenblick aus den Augen verliere. Kurzum, auf alles wußte sie eine Antwort.

Hernach ließ sie ein Weib kommen, das im Geruch der Zauberei stand und im Verdacht, sie wisse um mancherlei Geheimnisse, die sie den übernatürlichen Mächten abgelauscht habe. Die Alte sagte ihr, sie habe schon oft Frauen bei sich gesehen, die keine Kinder empfangen konnten, obschon sie in allen Arten der fleischlichen Beiwohnung wohlerfahren gewesen seien. Die meisten seien später schwanger geworden, wenn sie nach Art der Tiere empfangen hätten, welche die einfachste sei. Nun legte es die schöne Frau mit Fleiß darauf an, es den Tieren gleichzutun, aber desungeachtet schwoll ihr Leib keinen Fingerbreit an, blieb vielmehr fest und weiß wie Marmor. Hierauf wandte sie sich erneut der Wissenschaft der gelehrten Doktoren von Paris zu und ließ einen berühmten arabischen Arzt kommen, der sich zu jener Zeit gerade in Frankreich aufhielt, um hier eine neuaufgekommene Wissenschaft vorzuführen. Dieser Arzt nun, Schüler eines Meisters Averroes, eröffnete ihr schonungslos und rundheraus: Weil sie allzu viele Männer in ihrem Schifflein empfangen habe und stets willfährig auf ihre Gelüste eingegangen sei, solange sie die Liebe als Gewerbe betrieb, habe sie für alle Zukunft gewisse traubenförmige Organe zuschanden gemacht, an welchen nach dem Willen der Natur eine Menge Eilein festgewachsen seien. Diese würden vom Mann befruchtet und dann wohlumhegt ausgebrütet; aus ihnen schlüpften schließlich bei der Geburt die Jungen aller säugenden Weibchen aus, was durch die Haut, die manche Kinder bei ihrer Geburt auf dem Köpfchen trügen, erwiesen sei. Diese Beweisführung schien so erzdumm und einfältig, so im Widerspruch zu der Heiligen Schrift, in der die Ehrbarkeit des nach Gottes Bild erschaffenen Menschen verkündet ist, auch entgegen allen hergebrachten Anschauungen und Lehrmeinungen, dem gesunden Menschenverstand und der anerkannten Auffassung, daß die Doktoren zu Paris ihr Gespött damit trieben. Der arabische Arzt kehrte daraufhin der Fakultät den Rücken, wo hernach nie wieder von seinem Meister Averroes die Rede war.

Die Heilkundigen erklärten Frau Imperia, die heimlich nach Paris gereist war, sie möge ruhig ihr Leben so weiterführen wie bisher, habe sie doch auch früher schon die schöne Theodora vom Kardinal von Ragusa empfangen. Für eine Frau bestehe immer noch Aussicht aufs Kindergebären, solange der Strom ihres Blutes noch fließe; sie solle nur dafür besorgt sein, die Möglichkeiten einer Empfängnis tunlichst oft zu schaffen.

Dieser Rat dünkte sie so klug und weise, daß sie ihre Bemühungen mit verdoppeltem Eifer fortsetzte und Sieg auf Sieg davontrug; doch waren diese Siege eher Niederlagen zu nennen, denn sie zeitigten nur Blüten und niemals Früchte.

Da schrieb die Ärmste in ihrer großen Betrübnis an den Papst, welcher ihr sehr zugetan war, und vertraute ihm ihr Herzeleid an. Der Heilige Vater antwortete ihr in einer huldreichen handgeschriebenen Homilie, wo menschliche Wissenschaft und irdische Kunst versagten, müsse man den Himmel zu Rate ziehen und Gottes Gnade anflehen. Da entschloß sie sich, barfuß in Gesellschaft ihres Gatten zu Unserer Lieben Frau in Liesse zu wallfahrten, die bekannt ist für ihren Beistand in solchen Fällen, und tat das Gelübde, als Dank für ein Kind eine prächtige Kirche zu bauen. Doch nahm sie die beschwerliche Reise umsonst auf sich und lief ihre schönen Füße vergeblich wund: nichts anderes empfing sie als bitteren, herzzerreißenden Kummer, so daß ihr etliche Haare ausfielen und andere weiß wurden.

Endlich verlor sie überhaupt die Fähigkeit, Kinder zu kriegen und zu gebären, was schwermütige Zustände im Gefolge hatte, welche vom Hypochondrium ausgingen und ihre Haut gelb färbten. Sie zählte damals neunundvietzig Jahre und wohnte im Schloß von Isle-Adam, wo sie abmagerte wie ein Aussätziger im Siechenhaus. Die Ärmste wollte schier verzweifeln; um so mehr, als Isle-Adam immer noch verliebt wie je und denkbar gut zu ihr war, wohingegen sie ihrer Pflicht nicht mehr genügen konnte, weil sie in der Vergangenheit allzuoft von den Männern beschlafen worden und, wie sie sich geringschätzig ausdrückte, nichts Besseres mehr war als ein Kessel, um Würste darin zu sieden.

»Ach weh!« klagte sie eines Abends, als solche Gedanken ihr das Herz zermarterten, »was auch die Kirche, was der König sagen mag, allem zum Trotz bleibt die Schloßherrin von Isle-Adam eben die arge Imperia!«

Manchmal packte sie eine unbändige Wut, wenn sie ihren blühenden Gemahl ansah, der alles hatte, was er sich nur wünschen mochte, Reichtum und Güter in Fülle, des Königs Gunst, eine Frau, wie's keine zweite gab, Liebe ohnegleichen, soviel sein Herz begehrte, Freuden, wie sie kein anderes Weib zu schenken vermochte, und der sich doch vergeblich nach dem sehnte, was dem Haupt eines vornehmen Hauses am teuersten sein mußte: nach einem Erben. So grübelte sie und wäre am liebsten gestorben, wenn sie überlegte, wie edel und großherzig er sie allezeit behandelte und wie sie ihre Pflicht versäumte, indem sie ihm keine Kinder geschenkt hatte und ihm auch künftighin keine schenken konnte. Doch verbarg sie ihr Leid tief in ihrem Herzen und faßte einen Vorsatz, der ihrer großen Liebe würdig war. Um dieses heldenmütige Vorhaben ausführen zu können, gab sie sich noch liebevoller als bisher, pflegte ihre Schönheit mit aller erdenklichen Sorgfalt und gebrauchte eine Menge geheimer Mittel, um ihre Schönheit und Jugendfrische zu bewahren. Denn immer noch strahlte sie in makelloser, blendender Schönheit.

Um diese Zeit geschah es, daß der Herr von Montmorency die Abneigung seiner Tochter gegen die Ehe überwand, und es war allgemein die Rede von ihrer Verbindung mit einem Ritter von Chastillon. Da schickte Frau Imperia, die nur drei Meilen von Montmorency entfernt wohnte, eines Tages ihren Gemahl auf die Jagd in den Wald und machte sich auf den Weg nach dem Schloß, wo damals das Fräulein von Montmorency wohnte. Im Schloßpark angelangt, erging sie sich darin und trug einem Diener auf, dem Fräulein zu bestellen, eine Dame habe ein dringliches Anliegen an sie, und sie möge ihr unbedingt Gehör schenken. Höchst verwirrt durch all das, was man ihr von der Schönheit, dem höfischen Auftreten und dem Gefolge der unbekannten Dame berichtete, eilte das Fräulein von Montmorency flugs in den Garten hinunter und traf dort ihre Nebenbuhlerin, die sie bisher nie gesehen hatte.

»Mein liebes Kind«, sprach die arme Frau unter Tränen, als sie sah, daß das Fräulein ebenso schön war wie sie, »ich weiß, man will Euch zwingen, den Herrn von Chastillon zu ehelichen, obschon Ihr den Herrn von Isle-Adam liebt. Habt Vertrauen in das, was ich Euch jetzt prophezeie: Der Mann, den Ihr geliebt habt und der Euch nur untreu wurde, weil er in Schlingen geriet, in denen sich sogar ein Engel verfangen hätte – er wird von seiner alten Frau befreit sein, ehe noch das Laub von den Bäumen fällt. Und so wird Eure beharrliche Liebe gekrönt und mit Blüten bekränzt werden. Habt also den Mut, Euch der geplanten Heirat zu widersetzen, und Ihr sollt Euch Eures heißgeliebten Freundes erfreuen. Gebt mir Euer Wort darauf, daß Ihr Isle-Adam von ganzem Herzen lieben wollt. Er ist der allergütigste, liebenswerteste Mensch auf der Welt; Ihr müßt mir versprechen, ihm nie Kummer zu bereiten. Er soll Euch auch alle die Geheimnisse der Liebe offenbaren, die Frau Imperia erfunden hat; denn wenn Ihr, jung wie Ihr seid, sie anwendet, so wird es Euch ein leichtes sein, die Erinnerung an sie in seinem Herzen auszulöschen.«

Das Fräulein von Montmorency war so verblüfft, daß sie kein Wort der Erwiderung fand und diese Königin aller Schönheit ziehen ließ; sie hielt sie für eine Fee, bis ihr ein Tagelöhner sagte, diese Fee sei die Frau von Isle-Adam gewesen. Wenngleich sich das Fräulein von Montmorency dieses Erlebnis nicht erklären konnte, so sagte sie dennoch ihrem Vater, sie werde erst, wenn der Herbst vorbei sei, eine Antwort auf die vorgeschlagene Heirat geben. So sehr liegt es in der Natur der Liebe, sich mit der Hoffnung zu verschwistern, den unsinnigen Ködern zum Trotz, die ihr diese trügerische und holde Gespielin als süße Honigkuchen zu schlucken gibt.

Während des ganzen Monats der Weinlese duldete Frau Imperia nicht, daß Isle-Adam sie allein ließ, und sie bot ihre glutvollsten Wollüste auf, so daß man hätte glauben können, sie wolle ihn mit ihrer Liebesglut gänzlich auszehren. Isle-Adam wiederum kam es vor, als habe er es in jeder neuen Nacht mit einer völlig neuen Frau zu tun. Beim Erwachen dann bat ihn Imperia, solche vollkommene und überirdische Liebe nie zu vergessen. Und um das Herz ihres Liebsten ganz zu ergründen, sprach sie zu ihm: »Du Ärmster, wir haben unklug gehandelt, als wir einen Jüngling, wie du's mit deinen dreiundzwanzig Jahren warst, mit einer alten Frau verheirateten, die bereits gegen die Vierzig ging.«

Darauf antwortete er, sein Glück sei so groß, daß ihn Tausende darum beneideten, und trotz ihren Jahren habe sie nicht ihresgleichen unter den Jungfrauen, und wenn sie je alt werde, dann werde er auch ihre Runzeln liebhaben – er sei überzeugt, auch im Grabe werde sie noch wunderschön aussehen, und auch ihr Gerippe werde noch liebenswert sein.

Bei solchen Antworten traten ihr die hellen Tränen in die Augen. Eines Morgens jedoch erwiderte sie voll Arglist, das Fräulein von Montmorency sei doch bildschön und ausnehmend treu. Da versetzte er bekümmert, sie tue ihm weh mit solchen Worten, denn sie erinnere ihn damit an das einzige Unrecht, das er zeit seines Lebens begangen habe, indem er nämlich seiner ersten Braut die Treue gebrochen habe; doch habe sie alle Liebe zu ihr in seinem Herzen ertötet.

Dieses aufrichtige Wort bewirkte, daß sie ihn umfaßte und innig an ihr Herz drückte, so erschüttert war sie von diesem ehrlichen Geständnis, wo die meisten Männer Ausflüchte gemacht hätten.

»Teurer Freund«, sprach sie zu ihm, »seit ein paar Tagen werde ich von einem Krampf im Herzen geplagt, der mich schon in jungen Jahren fast ins Grab gebracht hätte. Diese ständige Todesdrohung hat auch der arabische Arzt neulich wieder bestätigt. Wenn ich sterben muß, so schwöre mir mit dem heiligsten Eid, daß du das Fräulein von Montmorency zur Frau nehmen wirst. Ich bin meines Endes so gewiß, daß ich alles, was ich besitze, deinem Hause vermache unter der Bedingung, daß du diese Heirat eingehst.«

Als Isle-Adam das hörte, wurde er aschfahl im Gesicht und fühlte, wie ihm schon beim bloßen Gedanken an eine ewige Trennung von seiner herzlieben Frau die Sinne schwanden.

»Ja, mein Geliebter«, fuhr sie fort, »Gott hat mich an dem gestraft, womit ich am meisten gesündigt habe, weil nämlich die tiefen Wonnen, die ich genossen habe, mein Herz erweitert und, wie der arabische Arzt meint, die Gefäße verengert haben, so daß sie platzen, sobald einmal eine sengende Hitze kommt. Doch habe ich allezeit zu Gott gebetet, er möge mich in dem Alter sterben lassen, in dem ich jetzt stehe, weil ich den Verfall meiner Schönheit nicht überleben will.«

Und nun erkannte diese hochherzige, edle Frau erst, wie sehr ihr Gatte sie liebte. Jetzt empfing sie das größte Opfer, das die Liebe zu bringen vermag und das auf Erden gebracht wurde. Sie allein wußte, welche Verführungskraft in den unsagbaren Wonnen, inbrünstigen Umarmungen und feurigen Liebkosungen des ehelichen Lagers lag. Sie waren so köstlich, daß der arme Isle-Adam lieber gestorben wäre, als daß er sich der Herrlichkeiten des Liebesgenusses hätte entwöhnen lassen, die sie ihm bereitete. Aber auf ihr Geständnis hin, ihr Herz könne in einer solchen rasenden Liebesverzückung brechen, warf sich der Ritter vor ihr auf die Knie und gelobte ihr, um ihr Leben zu erhalten, werde er fortan nie wieder von ihr Liebe heischen. Er wolle glücklich und zufrieden sein, wenn er sie nur sehen und an seiner Seite spüren könne, und er werde sich damit begnügen, ihre Hauben zu küssen und ihre Röcke zu streifen. Da gab sie ihm tränenüberströmt zur Antwort, lieber wolle sie ihr Leben lassen, als daß sie eine einzige Knospe an ihrem Rosenstrauch ungepflückt verkommen ließe; sie wolle sterben, wie sie gelebt habe, und zu ihrem Glück wisse sie ja, wie sie's anstellen müsse, damit ein Mann ihr beischlafe, wenn ihr der Sinn danach stehe, ohne daß sie auch nur ein Wörtlein zu sagen brauche.

Hier nun ist der Ort, zu erwähnen, daß sie von dem öfters angeführten Kardinal von Ragusa ein kostbares Angebinde erhalten hatte, das dieser verbuhlte Wüstling ein *Preve in articulo mortis* nannte. – Diese vier lateinischen Worte müßt ihr nicht krummnehmen; sie stammen vom Kardinal. – Es war ein Fläschchen aus dünnem Glas, wie es in Venedig hergestellt wird, nicht größer als eine Bohne, und enthielt ein so schnellwirkendes Gift, daß man's nur zwischen den Zähnen zu zerbeißen brauchte; der Tod trat augenblicklich ein. Man spürte auch nicht den leisesten Schmerz dabei. Dieses Gift hatte ihm die Signora Tofana, die berühmte Giftmischerin in Rom, gebraut. Die winzige Glaskugel war unter dem Stein eines Ringes verborgen und vor jedem Druck oder Stoß durch Goldplättchen geschützt.

Schon mehrmals hatte die arme Imperia das Gläschen in den Mund genommen, konnte sich aber nicht entschließen, draufzubeißen, so große Lust bereitete ihr jedesmal wieder das Einssein mit dem geliebten Mann, das sie jeweils für das letzte hielt. Dann kostete sie der Reihe nach sämtliche Arten, sich mit ihm zu vereinen, ehe sie auf das Glas biß, und nahm sich vor, wenn sie allerhöchste und vollkommenste Lust verspüre, wolle sie die Phiole zerbeißen.

Das arme Geschöpf gab sich den Tod in der ersten Oktobernacht. Da ward weithin in den Wäldern und oben in den Wolken ein großes Wehgeschrei vernommen. Es klang wie das Wehklagen aller Liebesgeister: »Wehe! Die große Lust ist tot!« wie einst die heidnischen Götter wehklagten, als der Heiland aller Menschen auf Erden erschien. Die flüchteten damals hinauf in die Himmel und jammerten: »Der große Pan ist tot!« welches klägliche Geschrei von etlichen Schiffern auf dem Euböischen Meer vernommen und von einem der Kirchenväter überliefert wurde.

Frau Imperia schied dahin, ohne an Schönheit eingebüßt zu haben, so große Sorge hatte Gott getragen, einen Frauenleib ohne Makel und Fehl zu schaffen. Sie hatte noch im Tode, so wird berichtet, eine wundersam frische Hautfarbe, eine Wirkung der eben genossenen Lust, deren flammengeflügelter Gott weinend an ihrer Seite kauerte.

Ihr Gatte trauerte um sie, wie nie zuvor ein Mann um sein Weib getrauert hat. Doch ahnte er nicht, daß sie gestorben war, um ihn von einer unfruchtbaren Frau zu erlösen, und der Arzt, der den Leichnam einbalsamierte, ließ kein Wort über die Todesursache verlauten. Die selbstlose Tat ward erst sechs Jahre nach der Heirat des Ritters mit dem Fräulein von Montmorency offenbar, als sie ihm in ihrer Herzenseinfalt vom Besuch der schönen Imperia erzählte. Von dem Tage an lebte der arme Ritter in düsterer Schwermut dahin und starb schließlich, weil er die Erinnerung an jene Liebeswonnen nicht aus seinem Herzen verbannen konnte, die ihm ein unerfahrenes Ding wie seine zweite Frau nie und nimmermehr zu ersetzen vermochte. Und so bewahrheitete sich der Spruch, der damals in aller Munde war: Diese Frau starb nie in einem Herzen, in dem sie einmal geherrscht hatte.

Das lehrt uns, daß Tugend nur von solchen Weibern wahrhaft verstanden und geübt werden kann, die das Laster kennen. Denn von den tugendhaften und keuschen Frauen hätten nur wenige ihr Leben auf solche Art hingegeben, so fromm und heilig ihr sie auch einschätzen mögt.

Victor Hugo über Balzac

»Alle seine Bücher bilden nur ein Buch, in dem man sieht, wie mit einer der Wirklichkeit innewohnenden gewaltigen Regsamkeit unsere Kultur kommt und geht, sich entwickelt und vorwärtsschreitet; ein großartiges Buch, das der Dichter Komödie nannte, aber auch Geschichte hätte nennen können; ein Buch, das alle Formen und Stilarten annimmt, das Tacitus übertriftt und das bis auf Sueton zurückgeht, das über Beaumarchais bis zu Rabelais reicht; ein Buch, das zugleich auf Beobachtung und Einbildung beruht, das das Wahre, das Vertraute, das Bürgerliche, das Triviale, das Materielle in Überfülle vermittelt und das zuweilen inmitten aller jener entschleierten Realitäten das düsterste und tragischste Ideal ahnen läßt. Der Verfasser dieses unermeßlichen und merkwürdigen Werkes gehört, ohne es zu wissen oder zu wollen, ob er es zugibt oder abstreitet, zum starken Geschlecht der revolutionären Schriftsteller…

Dieser gewaltige, nimmermüde Arbeiter, dieser Philosoph, dieser Denker, dieser Dichter, dieses Genie hat ein Leben voller Stürme und Kämpfe gelebt, wie es zu allen Zeiten allen großen Männern beschieden ist. Nun ruht er in Frieden. Er ist jetzt über allen Streit und allen Haß erhaben. An ein und demselben Tag geht er ein in das Grab und in den Ruhm.

Es ist nicht das Ende, es ist der Anfang! Es ist nicht das Nichts, es ist die Ewigkeit! Ist es nicht so? frage ich Sie alle, die Sie mir zuhören. Angesichts dieses erhabenen Toten empfindet man noch deutlicher das göttliche Schicksal jener Intelligenz, die unsere Erde durchwandert, um zu leiden, um sich zu läutern, und die man den Menschen nennt. Und man fühlt: Es kann nicht sein, daß ein Genie nach seinem Tode nicht weiterlebt!«

(Aus der Gedenkrede auf dem Friedhof Père-Lachaise am Grabe Balzacs)